高等学校法律实务系列教材

总主编：孟庆瑜
副总主编：何秉群 朱良酷 时清霜

经济法案例教程

主 编：王昆江 殷文胜
副主编：王宝娜 房建恩

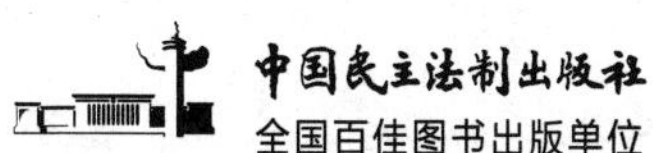

2015 • 北京

图书在版编目(CIP)数据

经济法案例教程/王昆江,殷文胜主编.—北京:中国民主法制出版社,2015.8

高等学校法律实务系列教材/孟庆瑜主编

ISBN 978-7-5162-0794-9

Ⅰ.①经… Ⅱ.①王… ②殷… Ⅲ.①经济法—案例—中国—高等学校—教材 Ⅳ.①D922.290.5

中国版本图书馆 CIP 数据核字(2015)第 087204 号

图书出品人:刘海涛
文 案 统 筹:陈晗雨
责 任 编 辑:逯卫光

书名/经济法案例教程
JINGJIFAANLIJIAOCHENG
作者/王昆江 殷文胜 主编

出版·发行/中国民主法制出版社
地址/北京市丰台区右安门外玉林里 7 号(100069)
电话/(010)63055259(总编室) 63057714(发行部)
传真/(010)63056975 63056983
http://www.npcpub.com
E-mail:mzfz@npcpub.com
经销/新华书店
开本/16 开 787 毫米×960 毫米
印张/11.75 **字数**/186 千字
版本/2015 年 7 月第 1 版 2015 年 7 月第 1 次印刷
印刷/北京盛源印刷有限公司

书号/ISBN 978-7-5162-0794-9
定价/25.00 元

总序

为了贯彻落实教育部、中央政法委员会《关于实施卓越法律人才教育培养计划的若干意见》的文件精神，全面推进法律硕士专业学位研究生教育综合试点改革工作，充分发挥国家大学生校外实践基地的育人功能，持续深化法学专业实践教学改革，不断提高法学专业学生的实践创新能力，我们组织法学专家与法律实务部门专家共同编写了这套高等学校法律实务系列教材。

本套教材以案例研析和实务操作为主题，以高等学校和实务部门的共同开发为特点，以培养学生的法律实践应用能力为目标，以《宪法案例教程》、《行政法案例教程》、《刑法案例教程》、《民法案例教程》、《经济法案例教程》、《刑事诉讼实务教程》、《民事诉讼实务教程》和《法律文书实务教程》8部教材为主要内容，以逐步形成适应应用型、复合型法律人才培养需要的法律实务教材体系。

本套教材的编写力求遵循以下原则:一是理论与实践相结合,突出实践性。即教材内容要强化法学理论和原理的综合应用,强调实践和应用环节,侧重实践能力培养,为学生的知识、能力、素质协调发展创造条件。二是立足现实,追踪前沿。即教材内容要最大程度地反映本专业领域的最新学术思想和理论前沿,吸收本专业领域的最新实务经验和研究成果,具有前瞻性。三是全面覆盖,突出重点。即教材既要整体反映本专业知识点,又要彰显案例和实务操作领域的规律和重点,以避免与理论教材之间的内容重复。

本套教材的编写力求满足以下要求:一是立足基础,突出应用。即立足基本知识,不做系统讲解,着重法律应用,突出应用性和实务特色。二是表述准确,言简意明。即基本概念阐释清晰准确,知识要点讲解言简意赅。三是篇幅适中,便于使用。即控制每部教材的篇幅字数,均衡各章之间的权重,不宜畸轻畸重。四是知识案例,融会贯通。即将知识讲授与案例评析有机结合,真正做到以案说法,突出案例与知识的互动。

本套教材的编写是高等院校与法律实务部门之间深入合作和大胆尝试的结果,无论是教材内容,还是编写体例,肯定还存在诸多有待完善提高的地方,使用效果也有待教学实践的评估与检验。我们将及时总结经验,不断修订提高。同时,也期待着法学界和法律实务部门的各位同仁能够提出宝贵的意见和建议。

本套教材编委会

2015 年 2 月 26 日

目录

DIYIZHANG

第一章

反垄断法

▶案例:锐邦公司诉强生公司协议限制医用缝线产品最低转售价格垄断案 > > >

【案情简介】

原审原告(上诉人):北京锐邦涌和科贸有限公司(以下简称“锐邦公司”),住所地:北京市海淀区花园路甲1号。

法定代表人:王颖健,该公司董事长。

原审被告(被上诉人):强生(上海)医疗器材有限公司(以下简称“强生上海公司”),住所地:上海市外高桥保税区富特西一路439号第一、二、三层C部位。

法定代表人:谢文坚,该公司董事长。

原审被告(被上诉人):强生(中国)医疗器材有限公司(以下简称“强生中国公司”),住所地:上海市闵行经济技术开发区南谷支路75号。

法定代表人:谢文坚,该公司董事长。

原审中,锐邦公司诉称,其作为强生中国公司、强生上海公司医用吻合器及缝线产品在北京地区的经销商,与两被告有长达15年的合作。在2008年与两被告签订经销合同后,因在北京大学人民医院(以下简称“人民医院”)采购竞标过程中违反经销合同中限制转售价格条款而降低价格竞标,遭受两被告处罚,先是被取消在部分医院的经销权,继而被完全停止供货,遭受重大经济损失。锐邦公司认为,两被告在经销合同中约定转售价格限制条款以及依据该条款对锐邦公司进行处罚直至终止经销合同的行为,构成《中华人民共和国反垄断法》第14条第1款第2项所列“限定向第三人转售商品的最低价格”之违法行为,故诉请根据反垄断法第3条、第14条、第50条之规定判令两被告赔偿锐邦公司因上述违法行为而致经济损失人民币1439.93万元(以下币种同),并承担全部诉讼费用。

【基本问题】

（一）反垄断法适用之争。

（二）锐邦公司是否为本案诉讼的适格原告？

（三）涉案垄断协议是否应当以具有排除、限制竞争效果为构成要件？

（四）上诉人对本案限制最低转售价格协议具有排除、限制竞争效果是否应承担举证责任？

（五）本案限制最低转售价格协议是否构成垄断协议？

（六）被上诉人是否应就本案垄断行为对上诉人造成损失承担赔偿责任？

【讨论与分析】

（一）反垄断法适用之争

锐邦公司诉称：两被告在经销合同中约定转售价格限制条款以及依据该条款对锐邦公司进行处罚直至终止经销合同的行为，构成《中华人民共和国反垄断法》第14条第1款第2项所列“限定向第三人转售商品的最低价格”之违法行为。

强生中国公司、强生上海公司辩称：反垄断法于2008年8月1日实施，本案《经销合同》在2008年1月2日达成，被上诉人对上诉人的警告、扣除保证金、取消两家医院经销权等行为分别发生在2008年4月和7月，均发生在反垄断法施行之前；2008年8月1日反垄断法实施以后，被上诉人未实施上诉人所指控的垄断行为，因此本案不应当适用反垄断法。

上海市高院（以下简称本院）二审认为：反垄断法于2008年8月1日实施，本案《经销合同》虽于2008年1月2日签订，但其有效期一直延续到2008年12月31日。在反垄断法实施后，该合同未予终止，强生公司与经销商继续履行该合同，并实施本案被控垄断行为，故本案应当适用反垄断法。

（二）锐邦公司是否本案诉讼的适格原告

锐邦公司诉称：同上述争点（一）内容。

强生中国公司、强生上海公司辩称：本案被控垄断行为是锐邦公司与强生中国公司、强生上海公司之间订立的限制转售价格协议，由本案当事人双方共同订立、共同实施。根据反垄断法第1条之规定，反垄断法保护的是市场公平竞争秩序、消费者利益和社会公共利益，因此，有权提起反垄断诉讼的主体是遭受垄断行为损害的竞争者和消费者，不包括垄断行为参与者、实施者，并不保护垄断行为参与者、实施者的利益。锐邦公司本身作为垄断行为的直接参与者和实施者，无资格提起本案诉讼，上诉人不具备本案原告主体资格。

上海市高院二审认为：首先，本案上诉人作为接受限制最低转售价格协议的经销商，由于执行该协议而可能失去在最低限价以下销售的机会，进而可能失去部分客户和利润。另外，上诉人由于违反限制最低转售价格协议受到处罚而遭受的损失，可能属于因垄断行为导致的损失。因此，垄断协议的当事人既可能是垄断行为的参与者、实施者，又同样可能是垄断协议的受害者，属于反垄断法第50条规定的因垄断行为遭受损失的主体范围。如果不允许这类当事人依据反垄断法针对垄断协议提起民事诉讼，将导致其民事权利救济无从实现。

其次，从反垄断法预防和制止垄断行为、保护公平竞争、维护消费者利益和社会公共利益的立法目的出发，应准许垄断协议的合同当事人提起反垄断民事诉讼。因为，合同当事人之外的利益主体（包括消费者）通常很难知道垄断协议的具体情形，如果不允许知悉内情、掌握证据的垄断协议当事人提起反垄断诉讼，垄断协议这种违法行为就很难受到追究。

最后，《最高人民法院审理因垄断行为引发的民事纠纷案件应用法律若干问题的规定》（以下简称《最高人民法院垄断纠纷审理规定》）第1条规定“本规定所称因垄断行为引发的民事纠纷案件”是指“因垄断行为受到损失以及因合同内容、行业协会章程等违反反垄断法而产生争议的自然人、法人或其他组织，向人民法院提起的民事诉讼案件”，上诉人即是因为本案《经销合同》内容是否违反反垄断法与被上诉人存在争议而提起诉讼，可见，本案上诉人属于可以依据该条规定提起民事诉讼的原告。

（三）涉案垄断协议是否应当以具有排除、限制竞争效果为构成要件

锐邦公司诉称：反垄断法第13条所规定横向垄断协议、第14条所规定纵向垄断协议，都因行为目的违法而被法律明文禁止，该等协议一经签订即构成垄断协议，不需要再根据是否存在排除、限制竞争效果来确定是否构成垄断协议。这一点，可以由反垄断法第46条得到印证。反垄断法第46条第1款规定：“经营者违反本法规定，达成并实施垄断协议的，由反垄断执法机构责令停止违法行为，没收违法所得，并处上一年度销售额百分之一以上百分之十以下的罚款；尚未实施所达成的垄断协议的，可以处五十万元以下的罚款。”依据该条规定，即使垄断协议未实施也可以进行处罚，因此显然只要有反垄断法第14条所规定限制转售价格条款，即构成垄断协议，并应认定为违法，并不需要另外证明存在排除、限制竞争效果。将实际存在排除、限制竞争效果作为垄断协议的构成要件之一，系对法律的错误解释。

强生中国公司、强生上海公司辩称：从该条法律规定的文意与逻辑看，反垄断法并没有规定经营者与交易相对人达成的限定最低转售价格的协议就是垄断协议，反垄断法所要禁止的是构成垄断协议的限制最低转售价格协议，即具有排除、限制竞争效果的限制转售价格协议。原审判决对反垄断法第 14 条所规定垄断协议的解释，符合最高人民法院对垄断协议的规定。根据《最高人民法院垄断纠纷审理规定》第 7 条规定，认定横向垄断协议尚须满足排除、限制竞争效果这一要件，相对于横向协议，纵向协议对市场竞争的影响更小，因此，认定限制最低转售价格协议构成垄断协议更需要以具有排除、限制竞争效果为前提。

上海市高院二审认为：

首先，反垄断法第 13 条对垄断协议的定义适用于第 14 条对纵向垄断协议的规定。反垄断法第 13 条在列举了六类横向垄断协议后，规定“本法所称垄断协议，是指排除、限制竞争的协议、决定或者其他协同行为”。在通读反垄断法全部条文后，可以发现该部法律中有四处“本法所称……，是指……”的句式表述，分别是：第 12 条中“本法所称经营者，是指……”，第 12 条中“本法所称相关市场，是指……”，第 13 条中“本法所称垄断协议，是指……”，第 17 条中“本法所称市场支配地位，是指……”。很明显，这些表述均明确在“本法”范围内定义相关词语，在逻辑上不应仅仅适用于一个条文而应该适用于整部法律，否则还需要在其他含有“经营者”“相关市场”“垄断协议”“市场支配地位”词语的其他每一个条文中对这些词语再作定义，则显然不合理。因此，第 13 条对垄断协议的定义同样适用于第 14 条对纵向协议的规定。

其次，《最高人民法院垄断纠纷审理规定》第 7 条规定：“被诉垄断行为属于反垄断法第十三条第一款第（一）项至第（五）项规定的垄断协议的，被告应对该协议不具有排除、限制竞争的效果承担举证责任。”据此可知，认定反垄断法第 13 条所规定横向协议构成垄断协议，应以该协议具有排除、限制竞争效果为前提。一般认为，由于横向协议直接排除、限制了市场竞争，横向协议限制竞争的效果甚于纵向协议，举重以明轻，反竞争效果强的横向协议构成垄断协议尚须以具有排除、限制竞争效果为必要条件，反竞争效果相对较弱的纵向协议更应以具有排除、限制竞争效果为必要条件。

（四）上诉人对本案限制最低转售价格协议具有排除、限制竞争效果承担举证责任

锐邦公司诉称：被上诉人应承担证明本案所涉限制转售价格条款不存在排

除、限制竞争效果的责任。《最高人民法院垄断纠纷审理规定》第 7 条规定:“被诉垄断行为属于反垄断法第十三条第一款第(一)项至第(五)项规定的垄断协议的,被告应对该协议不具有排除、限制竞争的效果承担举证责任。”根据该条规定,在横向垄断协议纠纷案件中,被诉制定横向垄断协议的当事人应对该协议不具有排除、限制竞争效果承担举证责任。照此类推,如果将是否具有排除、限制竞争效果作为反垄断法第 14 条所规定垄断协议构成要件,也应该由协议条款制定方举证证明涉案协议不具有排除、限制竞争效果。本案中,不应由上诉人承担证明涉案协议具有排除、限制竞争效果的责任,而应由被上诉人承担证明涉案协议不存在排除、限制竞争效果的责任。

强生中国公司、强生上海公司辩称:原审判决对于反垄断法第 14 条规定的协议是否具有排除、限制竞争效果的举证责任分配是正确的。我国民事诉讼法确定了“谁主张、谁举证”的原则,适用举证责任倒置规则必须有法律明确规定。反垄断法对第 13 条、第 14 条所列协议是否具有排除、限制竞争效果没有规定举证责任倒置,只是《最高人民法院垄断纠纷审理规定》第 7 条规定反垄断法第 13 条所列横向协议适用举证责任倒置,由经营者证明不存在排除、限制竞争效果。因此本案所涉反垄断法第 14 条所列纵向协议应根据“谁主张、谁举证”的原则,仍应由上诉人承担证明涉案协议具有排除、限制竞争效果的责任。

上海市高院二审认为:

只有在法律、法规或司法解释具有明确规定的情形下,才可以在民事诉讼中适用举证责任倒置规则。由于现行法律没有规定在涉及反垄断法第 14 条所规定协议的反垄断民事诉讼中,应由被告来证明涉案协议不具有排除、限制竞争的效果,故本案仍应当遵循民事诉讼“谁主张、谁举证”的原则,由上诉人对本案限制最低转售价格协议具有排除、限制竞争效果承担举证责任,《最高人民法院垄断纠纷审理规定》第 7 条对涉及横向协议纠纷举证责任的规定不能类推适用于本案纵向协议。因此,上诉人应当首先证明存在限制最低转售价格协议,而后应就本案限制最低转售价格协议具有排除、限制竞争效果提供相关证据,比如相关市场竞争不够充分、被上诉人具有很强的市场地位、被上诉人具有限制竞争的行为动机、本案限制最低转售价格协议对市场竞争造成不利影响等等。在上诉人提交上述证据后,被上诉人应提交反驳证据。

(五) 本案限制最低转售价格协议是否构成垄断协议

锐邦公司诉称:反垄断法第 13 条第 2 款规定,垄断协议“是指排除、限制竞争的协议、决定或者其他协同行为”,此规定对反垄断法第二章所规定的垄断协议下了一个定义,但没有由此确定垄断协议的构成要件。反垄断法第 13 条所规定横向垄断协议、第 14 条所规定纵向垄断协议,都因行为目的违法而被法律明文禁止,该等协议一经签订即构成垄断协议,不需要再根据是否存在排除、限制竞争效果来确定是否构成垄断协议。这一点,可以由反垄断法第 46 条得到印证。依据该条规定,即使垄断协议未实施也可以进行处罚,因此显然只要有反垄断法第 14 条所规定限制转售价格条款,即构成垄断协议,并应认定为违法,并不需要另外证明存在排除、限制竞争效果。原审法院将实际存在排除、限制竞争效果作为垄断协议的构成要件之一,系对法律的错误解释。

本案《经销合同》中限制转售价格条款是反垄断法所规定的垄断协议。被上诉人在《经销合同》中以合同条款限定上诉人向第三人最低转售价格,还依据经销商违反指定价格情况对上诉人采取警告、中止或者终止合同等间接方法,胁迫和威胁上诉人维持最低转售价格,并采用电子商务系统进一步实施价格监督,达到有效实施转售价格限制的目的,被上诉人采取上述行为的目的即在于直接限制竞争。由于上诉人认为构成垄断协议并不以实际具有排除、限制竞争效果为条件,故本案中限制转售价格条款由于限制竞争目的非常明显而应当构成反垄断法所规定的垄断协议。

被上诉人限制转售价格旨在限制竞争,实际对市场产生了限制竞争的效果。被上诉人既在《经销合同》中直接限定上诉人对第三人的销售价格,又辅之以对不遵循价格限制所采取的处罚措施,其通过控制转售价格限制品牌内竞争的目的非常明显。事实上,被上诉人实施转售价格限制,既非为推广新产品,又非为提高产品技术等其他促进竞争因素,完全不具有促进竞争的效果。相反,被上诉人实施转售价格限制的行为,扭曲了市场竞争机制,既限制了品牌内竞争,又限制了品牌间的竞争,使北京地区强生缝线产品价格维持在一个很高的水平,严重损害了消费者利益。

强生中国公司、强生上海公司辩称:

从法律规定的文意与逻辑看,反垄断法并没有规定经营者与交易相对人达成的限定最低转售价格的协议就是垄断协议,反垄断法所要禁止的是构成垄断协议的限制最低转售价格协议,即具有排除、限制竞争效果的限制转售价格协议。原审判决对反垄断法第 14 条所规定垄断协议的解释,符合最高人民法院对垄断协议的规定。根据《最高人民法院垄断纠纷审理规定》第 7 条规定,认定横向垄断协议尚须满足排除、限制竞争效果这一要件，相对于横向协议，纵向协议对市场竞争的影响更小，因此认定限制最低转售价格协议构成垄断协议更需要以具有排除、限制竞争效果为前提。

上诉人未能举证证明本案所涉限制转售价格协议存在排除、限制竞争效果，本案所涉协议实际亦不存在排除、限制竞争的效果。上诉人在原审中没有提供可以证明涉案协议具有排除、限制竞争效果的证据，其在二审中所提交证据，一方面因为不属于《最高人民法院关于民事诉讼证据的若干规定》第 41 条、第 43 条所规定“新证据”，不应被采纳，另一方面不能证明本案所涉协议实际存在排除、限制竞争的效果。

本案所涉限制转售价格协议不存在排除、限制竞争的效果，相反可以增进强生品牌内部经销商之间的竞争。本案所涉产品——医用缝线产品在中国大陆市场充分开放和竞争，不同品牌产品竞争非常激烈，而且不断有新的品牌和经营者进入此市场。因此，医院拥有很强的买方势力，对不同品牌产品的选择和价格有最终决定权，故被上诉人的价格维持条款不会对其他品牌产品价格产生影响，实际也由于激烈竞争的存在而难以执行。另外，多年来，强生公司（包括强生中国公司和强生上海公司，下同）不断推出新的医用缝线产品，被上诉人与经销商之间订立的限制转售价格协议，可以推进强生品牌内部经销商的非价格竞争，如产品推广、售后服务、品牌维系、诚信守约等。

上海市高院二审认为：

上诉人、被上诉人均引用经济学理论说明限制最低转售价格对市场竞争的有利影响与不利影响，在具体分析本案限制最低转售价格协议的经济效果前，本院需要明确对限制最低转售价格协议经济效果的分析评价方法。本院认为，在对限制最低转售价格行为性质的分析判断中，相关市场竞争是否充分、被告市场地位是否强大、被告实施限制最低转售价格的动机、限制最低转售价格的竞争效果等四方面情况是最重要的考量因素，也是本院分析评价限制最低转售价格行为的基本方法。依据本案事实，本院对本案中前述四方面因素分析评判如下。

1. 本案相关市场竞争不够充分

本院认为，相关市场的竞争不充分应当是认定涉案限制最低转售价格协议构成垄断协议的首要条件，只有在认定相关市场缺乏充分竞争的情形下，才需要进一步判断涉嫌垄断的协议的竞争效果。在一个充分竞争的市场，消费者购买商品时有充分的选择,一个企业出于某种原因限制最低转售价格,可能会减少消费者对此产品的购买,却不会妨碍消费者的其他替代选择,经济效率和消费者利益没有受损。而在一个竞争不充分的市场,由于缺乏充分的替代选择,用户依赖于某一品牌或几种品牌的产品,在某一品牌产品上采用了最低价格限制,不仅会导致该品牌内产品失去价格竞争,而且可能在不同品牌产品间形成定价上的默契,或者虽然没有形成默契,但会由此缺乏价格竞争的动力,导致市场价格上涨或者维持在一个较高水平,导致经济效率和消费者利益受损。因此,在相关市场竞争不充分的前提下,可以进一步分析限制最低转售价格行为对市场竞争的影响。至于对相关市场竞争是否充分的判断,本院认为,不仅应考虑市场的集中度,还应考虑涉案产品的替代性、潜在竞争者进入相关市场的难度、下游市场的竞争性等多种影响相关市场竞争程度的因素。

关于本案相关市场的界定,依据本案事实,可以确认本案相关市场可以界定为中国大陆的医用缝线产品市场。其一,可以将本案相关产品市场界定为医用缝线市场:(1)关于需求替代性分析。医用缝线是外科手术中用于伤口缝合的必需品,目前没有其他产品可以成为医用缝线的替代品,从需求的替代性而言,医用缝线是一种特殊的产品,可以形成独立的产品市场。(2)关于缝线市场是否细分为可吸收缝线市场、不可吸收缝线市场。虽然可吸收缝线、不可吸收缝线在性能上存在很大差异,可吸收缝线在一段时间内可以被人体吸收而不必再进行拆线操作,但是这种差异并不能消除两者之间的替代性。由于不可吸收缝线的使用范围涵盖并超出可吸收缝线的使用范围,用户可以根据价格及使用效果在两种缝线之间选择。因此,不宜再将医用缝线这个产品市场区分为可吸收缝线市场与不可吸收缝线市场。(3)关于是否采用供给替代性分析。《国务院反垄断委员会关于相关市场界定的指南》第4条规定,“在市场竞争中对经营者行为构成直接和有效竞争约束的,是市场里存在需求者认为具有较强替代关系的商品或能够提供这些商品的地域,因此,界定相关市场主要从需求者角度进行需求替代分析。当供给替代对经营者行为产生的竞争约束类似于需求替代时,也应考虑供给替代”。本院认为,该条规定明确了需求替代分析、供给替代分析的关系与经济学依据,即当存在供给替代且供给替代影响到企业市场行为时,供给替代应作为相关市场界定的一项方法。在本案相关产品市场界定中,上诉人与被上诉人均未提及存在供给替代的情形,事实上,从医用缝线产品的特殊性来看,其他产品生产企业也难以在很短时间内利用现有设备转入医用缝线产品的生产，因此在本案中不应通过供给替代分析而将其他产品与医用缝线产品合并到一个市场。(4)关于是否采用假定垄断者测试方法。《国务院反垄断委员会关于相关市场界定的指南》第7条对于相关市场界定提出这样的指引：界定相关市场的方法不是唯一的，可根据实际情况使用不同的方法。界定相关市场时，可以基于商品的特征、用途、价格等因素进行需求替代分析，必要时进行供给替代分析。在经营者竞争的市场范围不够清晰或不易确定时，可以按照假定垄断者测试的分析思路来界定相关市场。本院认为，假定垄断者测试方法是在替代分析原理基础上的定量测度，本质仍然是替代分析，如果运用需求替代分析、供给替代分析能够清晰界定相关市场，就不必再运用假定垄断者测试方法。在本案中，由于通过需求替代分析可以界定本案相关市场，故没有必要采用假定垄断者测试方法来界定相关市场。其二，考虑到我国对医疗器械生产与销售采取严格的准入限制，境内与境外缺乏替代性，没有证据表明国内医院会选择从境外市场购买缝线产品，因此可以将本案相关地域市场界定为中国大陆市场。

关于本案相关市场竞争是否充分，本院认为，依据以下事实，可以确认本案相关市场是一个竞争不充分的市场。

(1)医用缝线产品市场缺乏足够的来自买方的价格竞争动力。医用缝线是外科手术中的一次性耗材，虽然医院是选购者，但患者最终负担这笔耗材费用。由于我国医疗资源的总体不足和不均衡，患者对手术医院有很强的依赖关系，由于缝线费用在手术耗材费用中通常不占主要部分，医院又不最终负担这笔费用，因此医院对于缝线等产品价格的敏感度相对于直接购买产品的一般消费者要低，医用缝线产品市场由此缺乏足够的来自买方的价格竞争动力。

(2)缝线产品使用者较强的品牌依赖降低了卖方的价格竞争压力。上诉人提交的多份证据清楚地显示，强生公司通过强化医生、护士对强生公司缝线产品的使用习惯而推进缝线销售的营销策略，仅以上诉人证据8中在阜外医院的2004年销售行动计划为例，强生公司在该计划中，针对荷包线，提出“使Ethicon做荷包成为医生习惯；以讲课的形式对手术室护士进行教育，使她们将Ethicon做荷包线形成常规”；针对换瓣线，提出“引进新的型号(针对医生的使用习惯)；针对有机会做手术演示的医生建立关系、解决疑惑、使其在演示中使用、加强拜访频率、形成习惯”；针对可吸收线，提出“让相关医生收集病例并组织论文,以此培养医生使用可吸收线结扎血管的习惯”。本院认为,由于缝线产品是一种用户体验对用户选择起关键作用的产品,不断强化医生、护士在强生缝线产品上的使用习惯,令使用者产生依赖,显然是很有效的方法。否则,强生公司不会长期以来投入大量资金和人力去培养医生、护士的使用习惯。由于人的习惯不易更改,缝线产品的使用者在更换缝线品牌时会需要一段时间适应,而且在适应期内会降低工作质量,因此医院在不同品牌缝线产品间更换选择时确实存在产品转化成本,不同品牌医用缝线产品间的交叉弹性降低,相关市场因此减少了价格竞争。

(3)医用缝线产品市场存在较高的进入障碍。主要存在于三个方面:①市场准入。我国对医疗器械市场采取严格的准入限制,根据我国《医疗器械注册管理办法》的规定,在中华人民共和国境内销售、使用的医疗器械均应当按照本办法的规定申请注册或者办理备案。医用缝线是依据《医疗器械注册管理办法》须经国家食品药品监督管理局审查核准注册的医疗器械,在申请人资质、生产企业条件、产品注册检验等方面均必须符合严格的注册条件。②品牌依赖。如前所述,医生、护士由于对缝线的使用习惯而产生对缝线产品特定品牌一定程度的依赖,导致医院在购买缝线时具有较强的品牌偏好,医生、护士长久以来形成的品牌依赖成为新产品进入缝线产品市场的很大障碍。③客户关系。长期以来,在医疗器械行业,主要依靠经销商对医院的直接推销来开展销售,强生公司和其他品牌供应商及经销商在各医院投入大量人力与财力开展销售活动,并努力与医院建立牢固的客户关系。强生公司要求其经销商以部分销售收入作为“市场推广费用”支出,可见其对于客户关系的重视。上诉人经销强生公司产品15年,与北京若干三甲医院保持了长期稳固的客户关系,亦说明医用缝线产品市场客户关系的牢固。上述三方面进入障碍的存在,使得在本案相关市场难以进行充分竞争。

(4)强生公司在医用缝线市场长期具有很强的定价能力,可以反证相关市场缺乏竞争。双方当事人均确认一个事实,即强生公司涉案产品在15年间价格基本不变,但双方对此给出了不同解释,被上诉人认为在考虑货币贬值因素后强生公司涉案产品价格在15年间实际一直在下降,上诉人认为强生公司采取了“跨期价格歧视”的策略,虽然15年价格未变,但一直获取高额利润。本院认为,考虑物价上涨因素后,应该确认15年间强生缝线产品的相对价格在下降,但只有结合这15年间缝线产品生产销售成本的变化情况,才可以判断强生公司缝线产品的利润变化情况。因此，仅仅强生公司涉案产品价格15年基本不变的事实尚不能说明强生公司在涉案产品上的利润是在减少或是增加。但这个事实可以说明一点，尽管如被上诉人所述，医用缝线产品市场不断有新品牌加入，但强生公司可以以15年不变的价格应对竞争，充分说明强生公司对其缝线产品具有很强的定价能力，涉案产品缺乏需求弹性又更加巩固了强生公司的定价能力。根据一般经验，如果在一个充分竞争的市场，所有企业都只能是竞争价格的接受者，却无法在一个很长的时期内保持价格不变，强生公司保持医用缝线产品15年价格基本不变，亦可以反证医用缝线市场是一个缺乏竞争的市场。

2. 强生公司在本案相关市场具有很强的市场地位

本院认为，实施最低转售价格限制的企业在相关市场具有很强的市场地位，能够对市场竞争产生影响，应当作为限制最低转售价格协议构成垄断协议的重要条件。企业的市场地位是企业定价行为影响市场竞争的基础，一个在相关市场缺乏市场地位的企业，通常只能是适应市场竞争，而无力影响竞争，更不可能主导竞争。如果企业在市场份额、原材料供应、关键技术、销售渠道、品牌形象等各方面均不具备任何优势，那么该企业不具备影响市场竞争的力量，其所实施限制最低转售价格的行为不会影响市场竞争，或者虽然在短时间、小范围内影响竞争但很快会由更有效率的市场竞争所纠正。总之，不会产生应当通过反垄断执法来消除的排除、限制竞争的效果。因此，实施限制最低转售价格的企业具有很强的市场地位，应当是认定限制最低转售价格行为具有排除、限制竞争效果的前提和基础。至于实施企业的市场地位达到何种程度才是“很强的市场地位”，其限制最低转售价格行为才有可能属于排除、限制竞争的垄断协议，本院认为，企业的市场地位集中表现在企业的定价能力，如果一家企业具有很强的定价能力，企业在与购买者的定价谈判中占绝对优势，企业能够从容自由地定价而不必追随市场价格。相反，相关市场上其他企业的定价则可能受到该企业定价的影响，那么该企业应被认为具备了影响市场竞争的很强的市场地位。

本院认为，依据以下事实，可以认为强生公司在相关市场具有很强的市场地位。

(1)强生公司在相关市场的市场份额居于领先地位。

本院认为，虽然依据上诉人所提交《千讯报告》统计数据、强生公司官方网站上所宣传在全球市场和美国市场的市场份额数据,不足以认定强生公司在本案相关市场所占份额的具体数额,但被上诉人依据2008年全国住院病人手术人次和强生公司缝线销售量而对其市场份额的推算应低于实际水平,强生公司在相关市场的市场份额居于领先地位。理由是:①强生公司作为全球知名的跨国公司,有能力提供其缝线产品在中国大陆市场的确切市场份额,否则难以解释其如何计算出其缝线产品在全球市场的市场份额,考虑其在本案中的诉讼地位,本院认为其在本案相关市场的实际份额应高于其所估算的20.4%左右的市场份额(其估算数据的准确性依赖于强生公司缝线产品实际销量、每台手术平均用量估算的准确性)。②既然强生公司缝线产品在全球市场具有优势,而本案相关市场又是一个竞争不充分的市场,强生公司缝线产品在本案相关市场同样应当具有领先的市场份额,强生公司在本案审理中也从未指出在相关市场高出其市场份额的其他企业,可以认为其在相关市场的市场份额居于领先地位。③强生公司缝线产品在北京市三甲医院中占有很高的市场份额。上诉人在本案一审中提交的《授权委托书》显示,2008年锐邦公司获得缝线销售授权的客户共有10家,包括9家地方三甲医院和1家部队三甲医院,由于强生公司在北京市还有其他经销商,以此推论,强生公司缝线产品在北京市三甲医院占有很高市场份额(虽然医院所选择使用缝线可能不仅仅是一个品牌,但也不可能同时选择过多品牌)。由于三甲医院在我国医院体系中具有很大影响力,强生公司缝线产品在三甲医院的影响力也会扩及其他医院。

(2)强生公司的定价能力与其市场地位相对应。

本院认为,一家企业在相关市场长期具有很强的定价能力,需要同时具备相关市场竞争不充分、企业具有很强市场地位两方面条件,缺一不可。因此,强生公司缝线产品价格15年维持基本不变、在相关市场长期具有很强定价能力这一事实,既表明相关市场竞争不充分,又表明强生公司在相关市场具有很强的市场地位。

(3)强生公司缝线产品具有很强的品牌影响力。

根据原审法院所认定强生公司在其官网的宣传内容,本院认为,由于美国强生公司是历史悠久的全球知名企业,产品很早即进入中国市场,而且很早即在中国成立合资企业,在中国的护理产品、制药和医疗器械市场享有很高的声誉,强生公司爱惜康缝线在全球市场、中国市场均享有很高声誉,故而强生公司缝线产品的品牌影响力也在一定程度上维护了强生公司在本案相关市场的市场地位。

(4)强生公司对经销商具有很强的控制力。

在强生公司缝线产品的经销体系中,强生公司相对于经销商处于绝对优势支配地位,对经销商具有很强的控制力:①经销商不得销售其他品牌产品。《经销合同》约定,经销商(包括经销商投资人、管理者甚至投资人的亲属)不得销售与强生公司产品相竞争的其他品牌产品,以保持经销资格。②医院客户被强生公司分隔调配。经销商必须遵循所谓销售的"区域划分",经销商在每个医院的销售必须获得强生公司的许可,而在一个医院只会安排一家经销商进行销售,实际是强生公司缝线产品在每个医院的销售被分隔开来,经销商唯一能做的努力是在被分配的医院内扩大销售量,而无法争取在其他医院的销售。③强生公司对经销商采取严格的监督管理。强生公司利用信息化管理方式,严格监督经销商遵守最低转售价格限制和履行其他经销义务。在这个经销体系中,强生公司的经销商只能销售强生公司产品,只能按照强生公司的分配在指定医院销售,只能按照强生公司规定的价格和其他条件销售,经销商对于强生公司十分依赖而难于独立开展竞争。④强生公司采取一年一签的短期合约安排。强生公司与经销商之间的经销协议一年一签,即便上诉人锐邦公司作为强生公司最早的经销商之一,与强生公司已有 15 年的经销合作,且业绩优秀,也不能获得一个长期的经销协议。在这种短期合约安排的交易模式中,强生公司明显处于强势,经销商明显处于劣势,经销商由于担心失去续约机会而不得不受制于强生公司。强生公司相对于其经销商处于控制地位,可以反证强生公司在相关市场具有很强的市场地位。

因此,尽管被上诉人没有提供其在本案相关市场确切的市场份额数据,本院仍认为,强生公司依靠其在全球市场的优势、其丰富的产品品种、其很高的产品声誉、其对销售渠道的控制以及其他优势,在竞争并不充分的本案相关市场具有很强的竞争优势。特别是,强生公司在相关市场长期具有很强的产品定价能力,表明强生公司在相关市场具备影响市场竞争的"很强的市场地位"。

3. 本案限制最低转售价格的动机在于回避价格竞争

本院认为,如果一个具有很强市场地位的企业出于限制市场竞争的动机而限制最低转售价格,由于其在财力、技术、信息等各方面占优,对上下游控制能力往往较强,其限制最低转售价格行为产生限制竞争效果的可能性将大大提高,因此应当将限制最低转售价格行为的动机作为判断该行为能否产生限制竞争效果的重要因素。本院结合具体证据分析判断被上诉人在本案中采取限制最低转售价格的行为动机。

本院认为,本案证据表明,强生公司实施本案限制最低转售价格协议的动机在于执行其回避价格竞争的策略,维持其价格体系。

本案二审中,双方当事人就强生公司在缝线产品上采取的竞争策略分别作了陈述。上诉人称,强生公司采取如下竞争策略:①将全国市场按医院等级、手术量、销售指标量进行细分,列出重点医院,相应配备重点客户经理;②按产品种类、医院用量制定全年指标,并按销售绩效进行奖励;③在医院进行微观市场分析,分解销售指标,推算强生公司与竞争对手市场份额;④先培养客户使用习惯占领市场再提价;⑤产品升级后提价;⑥在微观市场分析基础上,强生公司市场部指导销售员将市场分为四级,一级市场指强生公司产品市场占有率高、产品新、应采取维持策略的医院,二级市场指强生公司产品市场占有率高、层次低、应采取升级换代策略的医院,三级市场指强生公司市场占有率低于公司平均值、应采取转化竞争对手市场份额策略的医院,四级市场指强生公司产品市场占有率极低,应采取拓展新客户策略的医院。

被上诉人称其从未采取过上诉人所谓将医院分为四级市场的竞争策略,其竞争策略主要是提高产品质量,改进售前与售后服务,维护品牌形象,主要方法是:①加强产品研发,推出更先进、更安全的产品;②配备专业的市场推广人员(即医药代表),就产品提供专业的咨询服务,包括专业的产品介绍、解答专业问题、为使用中产生的问题提供解决方案等;③组织医生观摩手术演示,增强医生缝线材质对手术结果影响的认识;④通过经销商加强售前售后服务与品牌推广。

尽管上诉人、被上诉人就强生公司在缝线产品上竞争策略作了上述不同陈述,但在双方陈述中有一个共同点,即无论通过提高服务获得竞争优势或是采取产品升级换代等策略来提价,强生公司在定价策略上总是尽量维持价格不下降。本院注意到,以下证据清楚地体现了强生公司在缝线产品上回避价格竞争的竞争策略:①《经销合同》与附件的相关约定。《经销合同》附件5第2条规定经销商有义务帮助强生公司维护好市场价格体系,禁止任何形式的恶意竞价行为。《经销合同》附件7a优秀经销商实践考评制度中则进一步明确“因无力应对降价压力而导致价格下跌,或因其他工作失误导致价格体系受损”属于每月考核中因不能“有效控制价格体系”而应扣分的情形。由此可见,不仅仅经销商的故意降价被《经销合同》禁止,哪怕是在市场降价压力下的被动降价行为也是对经销商进行负面评价的事由。总之,强生公司希望维护其价格体系而不愿意降低销售价格。②强生公司管理经销活动的有关证据。例如,上诉人二审证据8中“2004年行动计划”,针对在某医院“荷包线”的销售,提出经销商要“和大部分医生可以建立良好的关系,并以此消除 Ethicon 价格的不利因素”,可见,强生公司在缝线产品价格处于竞争劣势情况下,宁愿通过维护客户关系来维持价格,也不愿意降价销售。

4. 本案限制最低转售价格协议限制竞争效果明显而促进竞争效果不明显

本院认为,限制最低转售价格行为既可能促进竞争又可能限制竞争,一方面由于市场存在一定的自我修复功能,有些限制竞争的效果很快会由市场纠正,另一方面有些限制竞争效果会被另一些促进竞争的效果抵消。因此,只有在实际产生难以克服、难以抵消的限制竞争效果时,限制最低转售价格协议才应被认定为垄断协议。因此,在分析评价本案限制最低转售价格行为的竞争效果时,应当特别关注那些对市场竞争产生实质性影响的效果。

(1)本案限制最低转售价格协议具有明显限制竞争的效果。

本院认为,尽管限制最低转售价格被认为具有限制品牌内价格竞争、限制经销商定价自由、容易促成价格卡特尔、造成过度广告与服务等限制竞争效果,但其中所谓过度广告与服务等不经济问题可以通过市场自行纠正,而只有对品牌内价格竞争、品牌间价格竞争的限制(包括因为限制经销商自由定价和促成价格卡特尔而对品牌内、品牌间价格竞争的限制)才是对市场竞争的实质性影响。

本院认为,现有证据尚不能证明强生公司在缝线产品上的限制最低转售价格的行为促成了缝线产品制造商之间的价格卡特尔,但本案限制最低转售价格协议明显存在以下限制竞争的效果。

① 排除品牌内竞争,长期维持较高价格水平。双方确认医院在不同品牌缝线间选择时对价格敏感度较低,而在同一品牌内选择时则对价格较为敏感,被上诉人还向法庭陈述,医院在同一品牌内选择经销商时首先考虑的因素是产品价格,而后才是业务经验、销售服务、财务账期等因素。可见,在强生品牌内并不是不存在价格竞争的需要,本案中上诉人低价竞标的事实即证明了这种需要的存在,如果强生公司放开价格限制,在强生品牌内应该可以形成比较充分的

价格竞争,强生公司缝线产品价格应有所下降。本案中,上诉人在人民医院降价后,强生公司缝线产品在人民医院的销售价格保持在上诉人的报价水平,上诉人降价销售并不导致其亏本经营,因此上诉人的降价销售完全属于市场正常的降价需求。正是由于被上诉人采取最低转售价格限制,才使得这种现实、正常的降价需求变得不可能,直接排除了品牌内的价格竞争。双方当事人在本案庭审中确认,2008 年之前,强生公司对经销商一直执行最低转售价格限制,强生公司缝线产品价格 15 年维持基本不变。上诉人在二审中陈述,强生公司缝线产品价格普遍高于其他品牌缝线产品,价高、销量大的进口缝线价格更是比其他品牌进口缝线高出 15% 左右,被上诉人对上诉人此陈述未予明确否认。本院认为,基于强生公司的市场地位,基于双方庭审陈述,可以确认强生公司缝线产品价格普遍高于其他品牌缝线产品价格,也可以确认强生公司多年来所采取最低转售价格限制,帮助其缝线产品价格长期维持在竞争价格水平之上。

② 回避品牌间价格竞争,降低了相关市场的价格竞争。本院认为,依据本案事实,强生公司限制最低转售价格的行为,不仅直接限制品牌内的价格竞争,而且会对相关市场的价格机制产生消极影响。

虽然双方确认医院在不同品牌缝线产品间选择时对于产品价格的敏感度较低,但是不能由此排除不同品牌间开展价格竞争的可能。根据双方确认的事实,2008 年强生公司提高了 W9109H 缝线产品的基准价格,由 60 元/根提高到 80 元/根,但北京积水潭医院拒绝接受涨价,一直按 60 元/根的价格购买。本院注意到,在双方当事人的货款纠纷诉讼中,〔2010〕沪一中民四(商)终字第 2541 号民事判决确认了双方当事人就北京积水潭医院货款补贴问题而进行商议的来往邮件,在其中一封强生公司内部邮件中,强生公司员工提到为维持强生公司的市场份额和改善与医院的关系而与北京积水潭医院达成妥协。这可以说明,面对个别医院的"反抗",强生公司最终还是选择牺牲涨价利益以保住市场份额,说明即使在强生公司缝线产品与其他品牌缝线产品间也存在价格竞争的空间。

本案二审中,上诉人向法庭陈述,上诉人在人民医院降价销售强生公司缝线产品后,其他品牌缝线产品价格有所下降,被上诉人则称其不知晓其他品牌缝线产品价格情况。本院认为,被上诉人之陈述有违常理,被上诉人可能不全面掌握竞争品牌的价格信息,但不可能对竞争品牌的价格信息全然不知,否则其难以决定其产品定价,也不会出现前述"2004 年行动计划"中针对自身产品价格劣势要求经销商加强客户关系的情况。由于强生公司是具有很强的市场地位的经营者，强生公司缝线产品的降价应当会在相关市场带动其他品牌缝线产品降价。但是，强生公司在竞争策略中回避甚至排斥价格竞争，利用其相对于经销商的绝对支配地位，通过制定和执行限制最低转售价格协议，通过对违反价格限制经销商的严厉处罚，维持其高价体系，回避价格竞争，使得其他品牌厂商亦有机会回避价格竞争，至少是回避了来自强生公司的价格竞争，相关市场的价格竞争由此减弱，消费者利益由此受损。

③ 限制经销商定价自由，排挤有效率的经销商。上诉人锐邦公司销售强生公司缝线产品近 15 年，凭销售业绩而获得强生公司的多种奖励，特别是在 2008 年已获得在北京市近三分之一三甲医院的经销资格，其在人民医院以最低报价竞标，却不因此产生亏损，既说明经销商的合理利润早已得到充分保障，又说明其应该是强生公司经销商中一个有效率的经销商。上诉人的低价竞标行为，说明经销商之间存在开展价格竞争的可能，但强生公司的限制最低转售价格协议使得上诉人这种有效率的经销商受到排挤，强生公司的价格体系得以维系，消费者福利却因此受损。

(2)本案限制最低转售价格协议不具有明显的促进竞争效果。

本院认为，尽管限制最低转售价格被认为可能产生防止经销商“搭便车”行为、促进新品牌或新产品进入市场、促进产品质量竞争、维护产品商誉、给消费者统一价格信息、促进经销商发展和经销网建设、抵御竞争者的折扣销售等多方面促进竞争的效果，但其中所谓维护产品声誉以及使消费者获得确定价格信息的效果，在购买者对产品很熟悉的情形下没有突出的必要；所谓促进经销网建设未必能使消费者获益；只有促进产品质量或服务提升、促进新产品或新企业进入市场的效果最为关键。

本院认为，现有证据不足以证明本案限制最低转售价格协议存在明显的促进竞争效果。

① 不足以证明存在促进产品质量和安全性提升的效果。被上诉人认为，缝线产品与消费者身体健康和生命安全息息相关，安全性比价格更为重要，其安全性一方面来源于产品质量，一方面来源于稳定的售前售后服务，限制转售价格有利于保障经销商合理利润，促使经销商的竞争由价格转向售前售后服务，维护了强生缝线产品的安全性和声誉，客观上也促进不同品牌产品在安全性上的竞争，有利于保护消费者利益，这也是本案限制最低转售价格协议在促进竞争方面最为突出的效果。考虑到缝线产品的特殊用途，本院同样认为缝线产品

的安全性比价格更为重要。但是,被上诉人没有提供证据证明强生缝线产品质量由于被上诉人采取限制最低转售价格而得到提升。二审庭审中,被上诉人确认,经销商的售前服务职责主要是产品推广、报价和议价,售后服务职责主要是备货、配送、定期不定期拜访医院、协助回答医院疑问、协助收集临床使用反馈信息等。本院认为,基于以下事实,被上诉人通过限制最低转售价格提升经销服务、提升产品安全性的理由难以成立:ⅰ)缝线产品质量与安全性保障主要来源于缝线产品的生产环节,系由强生公司提供保障。ⅱ)医护人员使用缝线的过程是除生产环节外第二个关系到缝线产品安全使用的重要环节,对医生、护士的教育培训,确实有助于提高用户在使用缝线产品过程中的操作安全性,但根据强生公司的安排,这些事项由强生公司完成,经销商只是协助作一些缝线使用情况的回访调查,只是帮助收集意见,也不需要特别支出以完成这项工作。ⅲ)强生公司没有说明对经销商在提供缝线产品库存、运输服务方面有什么特别的要求,加之依照《经销合同》约定,强生公司负责产品运输,经销商到指定仓库提货,很难认定经销商在缝线产品运输、存储环节对缝线产品质量和安全性有贡献。ⅳ)经销商所承担的产品推广、报价、议价、备货、配送等售前售后服务,也与提升产品安全性没有关系。可见,无论是否采取最低转售价格限制,经销商的销售服务对提高强生公司缝线产品质量与安全没有多少贡献,事实上双方均在二审庭审中确认各品牌缝线的质量性能基本无差别,被上诉人所谓通过限制最低转售价格来保障和提升缝线产品质量安全的说法难以成立。

② 不足以证明本案存在解决经销商“搭便车”问题的必要。理由是:一是强生公司在医院、经销商之间进行推荐调配,经销商在每一家医院销售都必须通过强生公司专门授权,一家医院也只有接受强生公司授权的经销商才可以获得产品品质保障,因此任何一家医院不可能在强生公司授权经销商之外选择其他经销商,任何一个经销商也不可能通过“搭便车”夺取其他经销商的客户。二是强生公司相对于经销商处于绝对控制地位,对经销商的所有服务均有严格的监管措施,经销商没有“偷懒”的机会,即使不实施最低转售价格限制,高度依赖于强生公司的经销商也会严格遵循强生公司的管理,不会降低经销商的服务水平。三是双方确认不同品牌缝线产品质量性能并不存在公认的差异,因此可以认为缝线产品具有较高同质性,针对缝线产品的差异服务没有特别的必要,本案限制最低转售价格协议对提高经销服务既无明显必要又无明显作用。

③ 不足以证明存在促进新品牌、新产品进入相关市场的必要。本院认为，如果强生缝线产品刚刚进入中国市场，或者涉案缝线产品是刚投入市场的新产品，强生公司以本案限制最低转售价格协议来保证经销商提升销售服务（包括付出“推广费用”）即有合理依据。但是，首先，由于本案限制最低转售价格协议签订时，强生公司缝线产品已进入中国市场15年之久，已经是具有较高声誉的品牌，因此不存在以最低转售价格限制鼓励新品牌进入市场的需要。其次，根据被上诉人提供涉案产品的最早注册信息，涉案产品除有一项注册于2006年外，其他均在2004年前获得注册，在2008年早已不是新产品，因此本案中也不存在通过限制最低转售价格协议来促进新产品进入市场的需要。

④ 不足以证明本案限制最低转售价格协议存在其他促进竞争的效果。被上诉人没有说明本案限制最低转售价格协议存在其他促进竞争的效果，目前亦无证据证明本案限制最低转售价格协议存在其他通常被认为可能存在的促进竞争效果：一是强生缝线产品已被用户熟知并具有很好声誉，故本案中没有特别必要通过限制最低转售价格来维护涉案产品声誉与形象；二是由于涉案产品成熟，医院的需求也相对稳定，因此没有必要通过限制最低转售价格来鼓励库存和减小市场不确定风险；三是强生公司在经销商之间调配医院客户，经销商之间最多进行业绩的竞争而难以开展争夺客户的竞争，经销商的数量和规模实际受到强生公司严格控制，因此没有必要通过限制最低转售价格来保护和扩张经销商体系；四是强生公司的经销商仅仅销售强生公司产品而不销售其他品牌产品，因此也没有必要通过限制最低转售价格激励经销商扩大自己品牌销售而减少其他品牌产品销售。

（3）本案限制最低转售价格协议属于排除、限制竞争的垄断协议。

综上所述，基于强生公司在竞争不够充分的相关市场具有很强的市场地位，本案限制最低转售价格行为排挤了有效率的经销商，不仅排除品牌内的价格竞争，还降低了品牌间的价格竞争。而本案现有证据尚不能证明本案限制最低转售价格协议存在促进产品质量提升、促进新产品或新品牌进入市场方面的明显必要和效果，防止经销商“搭便车”行为的明显必要和效果，以及其他在经济学上可以说明的必要和效果。两相比较，本案限制最低转售价格协议促进竞争的效果不明显或者说非常有限，远远抵不上其排除、限制竞争的效果。

因此，依据反垄断法第14条对限制最低转售价格协议的规定和第13条对垄断协议的定义，结合本案事实，本院确认本案《经销合同》中限制最低转售价格条款属于反垄断法所禁止的垄断协议，被上诉人制定该协议和按照该协议处罚上诉人的行为属违法行为。

应当指出的是，本院认定本案限制最低转售价格协议构成垄断协议，充分考虑了本案现有证据和查明事实。尽管双方所委托经济学家均为本案提供了依据比较充分的经济学论述，但是在上诉人完成初步举证情形下，由于被上诉人未能积极举证，未能提供与本案相关市场集中度、强生公司市场份额、本案限制最低转售价格协议竞争效果等方面的证据，导致被上诉人主张难以获得支持。同时，鉴于价格机制在资源配置、促进竞争方面的基础性作用，在我国社会主义市场经济建设过程中，保护价格竞争机制对于建设和培育市场机制尤为重要。本案中，强生公司在竞争不充分的相关市场已具有很强的市场地位，在采取独家品牌经销、区域限制、客户调配、短期合约安排等多种限制性措施后，经销商价格竞争空间已十分有限，强生公司即使不采取限制最低转售价格措施也可能会产生限制价格的效果，但由于强生公司采取限制最低转售价格措施而直接产生了限制价格竞争的效果。

（六）被上诉人是否应就本案垄断行为对上诉人造成损失承担赔偿责任

锐邦公司诉称：被上诉人的垄断行为导致上诉人巨大经济损失，构成反垄断法上的损害。被上诉人以上诉人在人民医院投标经销缝线产品时违反最低转售价格限制为由，对上诉人进行处罚，包括扣除保证金，取消上诉人在阜外医院、整形医院的经销资格，直至完全取消上诉人经销强生产品资格，不仅导致上诉人高价进货损失、库存积压损失、人员遣散支出等损失，还导致上诉人 2008 年、2009 年预期利润损失，及 15 年宣传推广费用及取消经销资格之商誉损失等诸多损失，这些损失均源起于被上诉人违法实施转售价格限制，均属于反垄断法意义上的损失，故被上诉人应予赔偿。

强生中国公司、强生上海公司辩称：上诉人主张赔偿缺乏依据。上诉人在本案中主张的损失并非属于“垄断损失”，而是合同行为导致的损失，原审判决对此认定正确。上诉人主张，因被上诉人断货而导致其销售利润减少，并造成高价进货、遣散员工等损失，但被上诉人拒绝供货实际是因为上诉人拖欠货款，而非执行本案所涉价格条款，此事实在双方当事人的货款纠纷案件判决中已予确认。上诉人主张 2009 年因没有续订经销协议而导致的利润损失，由于经销协议有效期为一年，在 2008 年经销协议履行期届满后，被上诉人无义务与上诉人继续签约，上诉人主张此损失亦毫无依据。另外，上诉人在本案中主张的部分损失已在双方当事人的货款纠纷诉讼中提出,上诉人在本案中重复主张,应予驳回。

上海市高院二审认为:依据反垄断法第50条规定,本案被上诉人应就其制定和实施本案垄断协议的行为承担损害赔偿责任。二审庭审中,上诉人确认了其提出的多项损失赔偿主张,包括2008年缝线产品利润损失、2008年吻合器产品利润损失、高价购货价差、履约保证金、2009年期的利润、库存积压、员工遣散费用、15年经销活动中支付的推广费用、商誉损失。本院审查认为,上诉人主张其2008年缝线产品利润损失赔偿于法有据,但损失数额需要合理计算;上诉人所主张的其他损失赔偿则在本案中难以支持。具体评判如下。

1. 关于2008年缝线产品利润损失

上诉人提出,由于被上诉人拒绝供货致使其未完成2008年销售指标,根据实际购货发票计算已完成销售指标的68%,根据过去三年锐邦公司的销售业绩(每年销售均超过全年指标10%),可以认为正常情况下其在2008年完全可以完成全年销售指标,但至被上诉人停止供货时还有4704873.31元含税销售额(不含税为4021259.24元)未完成,以23%的平均毛利计算,这一部分未完成销售给上诉人造成1082120.86元利润损失。被上诉人除认为其未实施垄断行为故不应承担赔偿责任外,还认为该项损失是基于合同法请求的损失赔偿,不是基于反垄断法请求的损失赔偿,不能在反垄断诉讼中获得支持。被上诉人亦未就此项损失提供其计算依据与计算结果。对此争议,本院认为:

(1)上诉人所主张缝线产品利润损失赔偿在反垄断法上具有请求依据。

根据本案事实,上诉人所主张2008年缝线产品利润损失,与本案中被上诉人执行限制最低转售价格协议的行为存在直接因果关系,而本案限制最低转售价格协议构成垄断协议,故上诉人能够依据反垄断法主张此项赔偿。

(2)上诉人依据反垄断法主张的此项损失赔偿,不能依据合同法规则计算损失赔偿额。

本院注意到,上诉人主张2008年缝线产品利润损失,系依据2008年经销合同正常履行情形下可得利润计算损失数额,此计算方法与反垄断法法理存在冲突。限制最低转售价格协议构成垄断协议,意味着该协议排除、限制市场竞争并造成消费者利益损失,因此,当限制最低转售价格协议的当事人主张反垄断损失赔偿时,不应该按照履行限制最低转售价格协议的可得利润来计算损失,而应参照相关市场的正常利润计算利润损失,否则会陷入通过反垄断诉讼追求垄断利润的逻辑冲突。当然，这还需要分析相关市场经销商的正常利润率，本案中相关数据不够完整，本院将参考上诉人陈述的强生公司缝线产品价格与其他品牌缝线产品的价格差异、经销商进货折扣、税负、强生公司与经销商之间利润分配等情况酌定上诉人此项损失。

（3）对上诉人的计算标准、方法具体分析如下：

① 上诉人以2008年缝线产品销售指标作为全年销售预期业绩，比较合理。鉴于上诉人在过去三年销售业绩均超过销售指标10%的情形下，可以推定2008年其在正常情况下能够完成全年销售指标。

② 上诉人少计算了已销售额，多计算了未销售额，应予调整。在详细审查上诉人所计算2008年缝线产品已完成销售额后，本院发现，上诉人遗漏了〔2010〕浦民二（商）初字第1345号、〔2010〕沪一中民四（商）终字第2541号民事判决确认的缝线产品不含税销售额1216208.48元（开票日自2008年7月22日至9月9日），加上上诉人计算的已完成的不含税销售额8365205.76元（开票日自2008年1月14日至7月21日），上诉人2008年全年实际完成的缝线产品不含税销售额约为9581414元。以全年销售指标不含税销售额12386465元扣除已完成销售额9581414元后，应当将上诉人2008年缝线产品未完成的不含税销售额由其主张的4021259元调整为2805051元，未完成的含税销售额则相应调整为3281910元。

③ 利润率应予以调整。上诉人主张其销售毛利为23%，计算依据是各种产品进货价格与销售价格的平均差额大致相当于含税基准价的23%。对此，被上诉人未表明意见，亦未提供其计算方式。经查，上诉人所销售涉案产品多为进口产品，进货价格一般为基准价的7.2折，销售价多为基准价，上诉人所计算其销售毛利率约为23%基本符合事实。但是，如前所述，在本案反垄断诉讼中，上诉人无权依据合同法规则主张其按照原协议销售的可得利润，而只能主张以正常售价销售缝线产品能够获得的正常利润。根据本案具体情况，本院综合考虑以下因素酌定上诉人可以获得赔偿的正常利润：ⅰ）强生公司缝线产品价格普遍高于其他品牌价格，特别是上诉人陈述涉案进口缝线产品比其他品牌缝线产品价格高出15%左右，上诉人销售价格、利润应参照其他品牌产品的价格、利润进行调整；ⅱ）上诉人应依法负担相关税负。全面考虑前述因素后，本院酌定，上诉人可获得大致相当于未完成含税销售额16%左右的正常利润，据此酌定因被上诉人垄断行为造成上诉人2008年缝线产品销售损失的正常利润为530000元。

2. 关于上诉人主张的其他损失赔偿

(1)关于2008年吻合器产品的利润损失。

上诉人认为,虽然本案相关产品市场是缝线市场,但是由于强生公司的全面停止供货行为也导致上诉人吻合器产品销售未完成全年指标,因此吻合器产品销售利润损失也应予赔偿。对此,本院认为,基于本院认定的事实,强生公司在2008年9月11日后停止吻合器产品供货时,具有因上诉人拖欠货款而停止供货的合同依据,因此,本案中无法认定上诉人停止吻合器产品的损失由被上诉人违法垄断行为造成,故上诉人此项损失赔偿主张缺乏事实与法律依据。

(2)关于高价购货的价差损失。

上诉人称,因强生公司断货,上诉人吻合器产品库存不足,上诉人只能从其他经销商处高价购买后转卖,被上诉人应赔偿由此产生的价差损失。对此,同样由于本院难以认定因被上诉人的垄断行为而造成吻合器产品断货,故上诉人在本案诉讼中主张此项损失赔偿亦缺乏依据。

(3)吻合器产品因招标价格下降而应获得的价格补贴。

上诉人称,因2008年上诉人吻合器招标价格下降,被上诉人承诺补贴价格损失51万元,故提出支付请求。对此,鉴于本案仅审理双方当事人就垄断行为引起的争议,而上诉人提出的吻合器价格补贴显然不属于因垄断行为造成的损失,故本院在本案诉讼中对上诉人此项主张不予处理。

(4)关于履约保证金。

上诉人称其于2003年交付被上诉人履约保证金20万元,其后该保证金一直延续到2008年《经销合同》项下,现由于双方不再存在经销关系,被上诉人应退还此20万元保证金。经查,在双方当事人另案诉讼的货款纠纷案件中,〔2010〕浦民二(商)初字第1345号、〔2010〕沪一中民四(商)终字第2541号民事判决均已将此保证金冲抵上诉人拖欠被上诉人货款,故在本案中不再支持上诉人退还履约保证金的主张。

(5)关于2009年可以期待获得的利润损失。

上诉人认为,正常情况下,2009年后上诉人仍将作为强生公司经销商销售缝线产品和吻合器产品,由于被上诉人2009年不再与上诉人继续履行合同而导致上诉人不能再由强生公司产品销售中获利,从机会成本角度计算,上诉人有权请求被上诉人向其补偿2009年及之后几年可以期待的利润,现上诉人在本案中仅主张2009年可期待利润(7701662.5元)应予支持。对此,本院认为,尽管双方当事人的经销关系延续多年，但双方当事人的经销协议一年一签，各年经销协议到期后是否续签取决于双方合意，双方当事人对于续签协议没有法定或约定义务，也不存在法律上可期待的利益，故上诉人此项主张亦缺乏依据。

(6)关于员工遣散费。

上诉人称其因被取消经销权，被迫遣散员工，支付经济补偿金共104000元，被上诉人应予赔偿。本院认为，由于被上诉人全面停止供货时符合合同约定的停止供货条件，不能认定被上诉人全面停止供货行为亦属于执行本案限制最低转售价格的垄断协议的行为，故不能认为上诉人停业系被上诉人实施垄断行为的结果，上诉人主张由于停业而产生的遣散费用赔偿亦因此缺乏依据。

(7)关于积压库存损失。

上诉人称由于强生公司拒绝与其续签合同等行为，上诉人不能继续销售库存产品，导致库存积压无法消化，被上诉人应赔偿此项损失。本院认为，依据上诉人在庭审中自述的操作习惯，经销商一般保持3个月的库存，9月11日后被上诉人即全面停止供货，上诉人应该可以在2008年年底前销售完库存，至于上诉人需依靠2009年与被上诉人续约而消化库存，在合同法上没有支持其主张的依据，更不是可以依据反垄断法得到支持的请求。

(8)关于15年经销活动的推广费用。

上诉人提出，在上诉人经销强生公司产品的15年期间，上诉人为扩大销售而付出大量宣传、推广费用，在上诉人被取消经销资格后，被上诉人亦应予以补偿。本院认为，上诉人15年间为扩大销售而支出的这些费用，确实随着上诉人退出强生公司产品的经销市场而成为上诉人无法通过销售活动收回的沉没成本，但这种沉没成本只能是市场主体在商业判断中应评估考虑的商业风险，在法律上没有获得补偿的理由和依据。

(9)关于商誉损失。

上诉人提出，其在15年经销活动中积累了良好的商誉，被上诉人将其逐出经销商市场，导致其巨大商誉损失，以每年10万元计算，被上诉人共计应赔偿150万元。对此，本院认为，一方面，上诉人未提供证据证明其遭受商誉损失；另一方面，即使上诉人存在商誉损失，由于本案中被上诉人全面停止供货时具有合同约定依据，2009年不续签经销协议也有合同依据，被上诉人对上诉人商誉损失不承担赔偿责任，上诉人此项主张缺乏事实和法律依据。

反垄断法是市场经济的基本制度安排，其所维护的自由、公平竞争正是市场经济的活力之源。转售价格维持(纵向价格协议)行为本身对市场竞争的影响利弊兼而有之,虽不似横向价格协议被视为“本身违法”行为,但仍应根据“合理原则”结合个案作具体评估,唯其促进竞争的效果显著大于限制竞争的市场效果才具有不被规制的合理性。

从世界范围内反垄断司法实践的发展历程和现状来看,本身违法原则已较少被使用了,取而代之的是对被诉行为的合理性分析。它体现了司法的文明、成熟和进步。经营者的市场竞争行为应在法治的框架下自由、公平地展开,通过不断创新、提高产品质量、降低成本、增进效率,实现企业、消费者和社会的多方共赢。

DIERZHANG

第二章

反不正当竞争法

▶案例:意大利费列罗公司与蒙特莎(张家港)食品有限公司、天津经济技术开发区正元行销有限公司不正当竞争纠纷案 > > >

【案情简介】

一审原告(二审上诉人、再审被申请人):意大利费列罗公司(FERRERO S. p. A)。

法定代表人:塞尔焦·特斯塔(SERGIO TESTA)、马斯姆·格丹诺(MASSIMO GAIDANO)。

一审被告(二审被上诉人、再审申请人):蒙特莎(张家港)食品有限公司。

法定代表人:蔡兴华,该公司董事长。

一审被告:天津经济技术开发区正元行销有限公司。

法定代表人:郭永新,该公司经理。

意大利费列罗公司(FERRERO S. p. A)(以下简称费列罗公司)诉蒙特莎(张家港)食品有限公司(以下简称蒙特莎公司)与天津经济技术开发区正元行销有限公司(以下简称正元公司)不正当竞争,本案历时数载,先后经天津市第二中级人民法院(一审)、第二中级人民法院(二审)、最高人民法院(再审)三级法院审理,在全国有重要影响。

费列罗公司向天津市第二中级人民法院起诉称:被告蒙特莎公司多年来一直仿冒原告产品,擅自使用与原告知名商品特有的包装、装潢相同或近似的包装、装潢,误导消费者,使消费者产生混淆。而且,原告一推出新产品或时节性产品马上就会遭到蒙特莎公司仿冒,甚至在欧洲推出的新产品尚未进入中国市场即遭仿冒。蒙特莎公司的上述行为及被告正元公司销售仿冒产品的行为已经给原告的生产和销售造成了恶劣影响,并侵害了广大消费者的合法利益,造成原告重大经济损失。

请求判令蒙特莎公司不得生产、销售，正元公司不得销售符合前述费列罗公司巧克力产品特有的任意一项或者几项组合的包装、装潢的产品或者任何与费列罗公司的上述包装、装潢相似的足以引起消费者误认的巧克力产品，并赔礼道歉、消除影响、承担诉讼费用，蒙特莎公司赔偿原告经济损失人民币 300 万元。

之后，费列罗公司对一审判决不服，请求二审法院撤销一审判决，支持其诉讼请求，本案全部诉讼费用由蒙特莎公司负担。蒙特莎公司则请求驳回上诉，维持原判。

而后，蒙特莎公司不服二审判决，提出再审申请称：二审判决在事实认定、法律依据以及实体判决中均存在错误。请求撤销二审判决，维持一审判决并判令费列罗公司承担本案全部诉讼费用。费列罗公司答辩称：二审判决认定事实清楚，适用法律正确，蒙特莎公司的再审理由缺乏事实和法律依据。故请求驳回蒙特莎公司的再审申请，维持二审判决。

【基本问题】

（一）知名商品之争

（二）特有包装、装潢之争

（三）相关公众误认之争

【讨论与分析】

（一）知名商品之争

1. 初审情况

费列罗公司向天津市第二中级人民法院起诉称：费列罗公司自 1984 年起通过中国粮油食品进出口总公司在中国市场销售巧克力产品，目前该产品在中国市场有很大的占有率。原告产品不仅在世界范围内，而且在中国也是尽人皆知的知名商品。

蒙特莎公司答辩称：原告涉案产品在中国境内市场并没有被相关公众所知悉，无证据证明其在中国境内的市场销售量和占有率。相反，蒙特莎公司生产的金莎巧克力产品在中国境内消费者中享有很高的知名度，多次获奖，属于知名商品。

天津市第二中级人民法院一审查明：1986 年费列罗公司在中国核准注册了“FERRERO ROCHER”商标，其“FERRERO ROCHER”系列巧克力产品（以下简称 FERRERO ROCHER 巧克力）在 1988 年前通过中国粮油食品进出口总公司采取寄售方式进入中国市场。其产品总体外观、布局与其当前销售的产品基本没有差别,细节略有变化。费列罗公司自1993年开始,以广东、上海、北京地区为核心逐步加大FERRERO ROCHER巧克力在国内的报纸、期刊和室外广告的宣传力度。相继在一些大中城市设立专柜进行销售,并通过赞助一些商业和体育活动,提高其产品的知名度。2000年6月,其“FERRERO ROCHER”商标被国家工商行政管理部门列入全国重点商标保护名录。

蒙特莎公司是1991年12月张家港市乳品一厂与比利时费塔代尔有限公司合资成立的生产、销售各种花色巧克力的中外合资企业。张家港市乳品一厂是1989年12月成立的经营麦乳精、巧克力等产品的集体企业。1993年6月经江苏省体制改革委员会批准,以张家港市乳品一厂为主体,成立了江苏梁丰食品集团公司,后变更为江苏梁丰食品集团有限公司。蒙特莎公司为江苏梁丰食品集团有限公司所属的紧密层企业之一,其中方投资者随后变更为江苏梁丰食品集团有限公司。1990年4月23日,张家港市乳品一厂申请注册“金莎”文字商标,1991年4月经国家工商行政管理局商标局核准注册。费列罗公司在1994年曾向国家工商行政管理局商标评审委员会提出撤销该商标,但未获支持。上海外贸申港食品厂是1989年3月成立的非法人国家、集体联营企业,1992年3月取得法人资格,主营麦乳精、巧克力产品。张家港市乳品一厂为其联营企业之一,同时,上海外贸申港食品厂也是江苏梁丰食品集团有限公司的下属公司。有关政府部门对张家港市乳品一厂的资质认证中均同时附注上海外贸申港食品厂。1993年以前,使用“金莎”商标的巧克力(以下简称金莎巧克力)获得的荣誉均颁发给张家港市乳品一厂。1992年下半年开始,金莎巧克力的宣传、销售均冠以上海外贸申港食品厂或者在上海外贸申港食品厂前加注江苏梁丰食品集团有限公司。

张家港市乳品一厂自1990年开始生产金莎巧克力,该巧克力的包装、装潢与蒙特莎公司自2002年起生产销售的被控侵权巧克力使用的包装、装潢基本一致,与FERRERO ROCHER巧克力使用的包装、装潢较为近似。该产品1990年被张家港市经济委员会确认为市级新产品;1991年荣获北京市第二届国际博览会银奖、江苏省第七届轻工业优秀新产品金奖、江苏省第三届轻工美术设计展评会二等奖;1992年获得苏州市第二届优秀新产品。在此期间,金莎巧克力也作为上海外贸申港食品厂的产品对外宣传并销售。金莎巧克力在1998年被中国焙烤食品糖制品工业协会评为中国市场优秀品牌巧克力推荐产品之一;在

2000 年和 2001 年连续被中国食品工业协会评为国家质量达标食品，并在 2000 年获得中国知名食品信誉品牌；在 2000 年被江苏省质量技术监督局认定为江苏省重点保护产品；在 2001 年获得西部名牌产品贸易洽谈会金奖；在 2004 年被评为中国名牌产品并被确定为国家免检产品。“金莎”商标在 2001 年被认定为苏州市知名商标、江苏省著名商标。经上海外贸申港食品厂及江苏梁丰食品集团有限公司自 1992 年以来的对金莎巧克力的广泛宣传，其知名度逐步提高，在获得上述荣誉的同时，在《中国食品报》公布的由中华全国商业信息中心或者全国连锁店超市信息办公室等单位发布的全国食品市场调查及全国连锁店销售统计、监测排行中，1997 年至 2002 年，金莎巧克力排名靠前。该统计排名中未出现 FERRERO ROCHER 巧克力。

2002 年张家港市乳品一厂向蒙特莎公司转让“金莎”商标(2002 年 11 月 25 日提出申请，2004 年 4 月 21 日国家工商管理总局商标局核准转让)，蒙特莎公司开始生产、销售金莎巧克力。正元公司为蒙特莎公司生产的金莎巧克力在天津市的经销商。2003 年 1 月，费列罗公司经天津市公证处公证，在天津市河东区正元公司处购买了被控侵权产品。

天津市第二中级人民法院一审审理认为：知名商品是在市场上具有一定知名度，为相关公众所知悉的商品。由于其具有明显的地域特点，商品在国外的知名程度并不代表在中国境内的知名度，商品是否知名以及知名程度应根据其存在的市场具体情况予以认定。

2. 二审情况

费列罗公司上诉称：① 一审法院将蒙特莎公司生产的 TRESOR DORE 巧克力与使用“金莎”商标的糖果食品混为一谈，错误认定了 FERRERO ROCHER 巧克力在中国境内知名的时间以及被控侵权产品 TRESOR DORE 巧克力在中国境内知名的事实。② 一审法院忽视 FERRERO ROCHER 巧克力在国际范围内的知名性证据，错误认定产品在国外的知名程度并不延伸至国内。而实际上，国家工商行政管理总局商标局及商标评审委员会均认可 FERRERO ROCHER 巧克力早在 20 世纪 80 年代即有广泛的知名性，这与其在国际上形成的知名程度有重要联系。

蒙特莎公司答辩称：仅从费列罗公司寄售方式销售 FERRERO ROCHER 巧克力这一事实就可以认定其在 20 世纪 90 年代的国内市场不可能知名。一审判决综合考虑商品的销售时间、范围、市场占有率及广告宣传等要素，认定

FERRERO ROCHER 巧克力近几年才逐渐发展为在相关公众中知名的商品，知名时间晚于蒙特莎公司完全正确。

天津市高级人民法院二审经审理认定了一审法院查明的大部分事实。同时另查明：费列罗公司于 1946 年在意大利成立，1982 年其生产的 FERRERO ROCHER 巧克力投放市场，在亚洲多个国家和地区的电视、报刊、杂志曾发布广告。在我国台湾地区和香港市场，FERRERO ROCHER 巧克力取名“金莎”巧克力，并分别于 1990 年 6 月和 1993 年在我国台湾地区和香港地区注册“金莎”商标。1984 年 2 月，FERRERO ROCHER 巧克力通过中国粮油食品进出口总公司采取寄售方式进入了国内市场，主要在免税店和机场商店等当时政策所允许的场所销售，并延续到 1993 年前。1986 年 10 月，费列罗公司在中国核准注册了“FERRERO ROCHER”和图形（椭圆花边图案）以及其组合的系列商标，并在中国境内销售的巧克力商品上使用。

天津市高级人民法院二审审理认为：我国反不正当竞争法规定的知名商品，是指已在特定市场销售并为相关公众知晓的商品。对商品的知名状况的评价应根据其在国内外特定市场的知名度综合判定，不能理解为仅指在中国境内知名的商品。费列罗公司作为专业生产巧克力食品的国际知名企业，此系该行业公知的事实。其生产的 FERRERO ROCHER 巧克力在 1984 年进入国内市场销售前，已经在巧克力市场为相关公众知晓，具有较高的知名度。该产品自 1984 年开始在国内公开销售，在当时中国市场上，FERRERO ROCHER 巧克力商品特有的包装、装潢作为整体，具有显著的视觉特征和效果。此后，该产品在中国市场长期销售，已为相关公众知晓，应当认定为知名商品。

3. 终审情况

蒙特莎公司不服二审判决，提出再审申请称：① 二审判决对特定市场作出的扩大解释不符合《保护工业产权巴黎公约》的规定，而且，该公约并未就如何认定知名商品作出具体规定。费列罗公司的产品在国际市场上的知名不能当然地推导其在国内市场也知名。② FERRERO ROCHER 巧克力的市场占有率低于金莎巧克力，二审在无相反证据情况下，错误地推翻了一审认定的 FERRERO ROCHER 巧克力知名的时间晚于蒙特莎公司生产的金莎 TRESOR DORE 巧克力的事实。

在举证期限内，再审申请人蒙特莎公司提交的新证据有：国家工商行政管理总局商标评审委员会的三份商标异议复审裁定书，分别为商评字〔2006〕第 4134 号、商评字〔2006〕第 4135 号、商评字〔2006〕第 4136 号。证明商标评审委员会的在先案例中虽然认定费列罗公司"FERRERO ROCHER 及图"商标有较高的知名度,但不足以引证该商标在1995年11月27日前在中国境内已具有较高知名度。

费列罗公司答辩称:① 二审对 FERRERO ROCHER 巧克力知名性以及 FERRERO ROCHER 巧克力1984年进入中国市场的认定正确。② 二审认定蒙特莎公司违反诚实信用原则和公认的道德准则,仿冒 FERRERO ROCHER 巧克力使用的包装、装潢,不能认定其产品为知名商品,故没有就其知名的时间进行认定;同时反驳了一审法院对两个产品知名度进行比较的做法。因此,二审判决从根本上维护了我国反不正当竞争法确立的诚实信用准则。

在举证期限内,费列罗公司提交的新证据有:① 北京华通明略信息咨询有限公司市场调查报告,证明 FERRERO ROCHER 巧克力的品牌认知度和市场渗透度均高于金莎 TRESOR DORE 巧克力产品。② 上海尼尔森市场研究有限公司就 FERRERO ROCHER 巧克力及金莎 TRESOR DORE 巧克力的调查数据,证明 FERRERO ROCHER 巧克力2004年和2005年的销售量及市场占有份额在全国大城市均高于金莎 TRESOR DORE 巧克力。

最高人民法院再审认为:一、二审法院认定的事实基本属实。根据中国粮油食品进出口总公司与费列罗公司签订的寄售合同、寄售合同确认书等有关证据,二审法院认定 FERRERO ROCHER 巧克力自1984年开始在中国境内销售无误。反不正当竞争法所指的知名商品,是在中国境内具有一定的市场知名度,为相关公众所知悉的商品。在国际已知名的商品,我国法律对其特有名称、包装、装潢的保护,仍应以在中国境内为相关公众所知悉为必要。所主张的商品或者服务具有知名度,通常系由在中国境内生产、销售或者从事其他经营活动而产生。认定知名商品,应当考虑该商品的销售时间、销售区域、销售额和销售对象,进行任何宣传的持续时间、程度和地域范围,作为知名商品受保护的情况等因素,进行综合判断;也不排除适当考虑国外已知名的因素。本案二审判决中关于"对商品知名状况的评价应根据其在国内外特定市场的知名度综合判定,不能理解为仅指在中国境内知名的商品"的表述欠当,但根据 FERRERO ROCHER 巧克力进入中国市场的时间、销售情况以及费列罗公司进行的多种宣传活动,认定其属于在中国境内的相关市场中具有较高知名度的知名商品正确。再审申请人关于 FERRERO ROCHER 巧克力在中国境内市场知名的时间晚于金莎 TRESOR DORE 巧克力的主张不能成立。

（二）特有包装、装潢之争

1. 初审情况

费列罗公司向天津市第二中级人民法院起诉称：多年来巧克力产品一直保持特有的包装、装潢，其涵盖了原告商标、外观设计、著作权等多项知识产权，具有独创性，是原告知识产权的综合性体现。费列罗公司的巧克力产品使用的特有包装、装潢为：①金色呈球状的纸质包装；②在金纸球状包装上配以椭圆形金边并且印有原告“FERRERO ROCHER”商标的标签作为装潢；③每一粒金纸球状包装的巧克力均有咖啡色纸质底托作为装潢；④具有各种形状的塑料制硬包装盒，但包装盒的盒盖均为透明，以呈现金纸球状内包装；⑤使用原告所持有的配有产品图案的组合商标作为装潢，并由商标标识处延伸出红金颜色的绶带状图案。该产品的金纸球状包装，以及金纸球状包装上贴有的椭圆形金边标签，实际上构成了原告产品的立体商标，在广大消费者中具有极高的认知度，任何消费者看到符合上述包装、装潢的巧克力产品都会认同为原告的产品。

蒙特莎公司答辩称：原告诉请中要求保护的包装、装潢是国内外同类巧克力产品的通用包装、装潢，不具有独创性和特异性。而且，该包装、装潢是由商品的功能性质所决定的，不能认定是特有的包装、装潢。蒙特莎公司生产的金莎巧克力使用的包装、装潢是自己的工作人员和张家港市工艺美术印刷厂的专业设计人员合作开发，经过多次改进最终定型的，并非仿冒他人已有的包装、装潢。普通消费者在购买时只需施加一般的注意义务，就不会混淆原告、被告各自生产的巧克力产品。原告认为自己产品的包装涵盖了商标、外观设计、著作权等多项知识产权，但未明确指出被控侵权产品的包装、装潢具体侵犯了其何种权利，其起诉要求保护的客体模糊不清。所以，原告起诉无事实和法律依据，请求驳回原告的诉讼请求。

被告正元公司未答辩亦未提供证据。

天津市第二中级人民法院一审审理认为：

早在20世纪70年代，采用金色锡箔纸包裹球状巧克力，使用透明塑料外包装，呈现巧克力内包装，已为其他巧克力生产企业所使用，并非FERRERO ROCHER巧克力所特有，该包装属通用包装，不应保护。但是，FERRERO ROCHER巧克力的装潢是费列罗公司在1988年前进入国内市场即已使用，具有识别和美化商品、区别商品来源的显著特征，构成其特有的装潢。

蒙特莎公司生产、销售的金莎巧克力虽是延续使用张家港市乳品一厂的装潢,但金莎巧克力最早使用该装潢是在 1990 年,晚于费列罗公司。蒙特莎公司提供的其他证据不足以否定 FERRERO ROCHER 巧克力产品装潢的特有性。应当认定费列罗公司诉状中请求保护的②、④、⑤项装潢为 FERRERO ROCHER 巧克力所特有。

2. 二审情况

费列罗公司上诉称:一审法院错误否定 FERRERO ROCHER 巧克力使用的部分包装、装潢的特有性,忽视基本的隔离比对、整体比对和主要部分的比对原则,违背有关法律法规的基本原则,导致已经认定 TRESOR DORE 巧克力与 FERRERO ROCHER 巧克力使用的包装、装潢近似却得出不构成混淆的错误结论。

蒙特莎公司答辩称:FERRERO ROCHER 巧克力使用的包装、装潢除涉及商标的部分外不具有特有性。一审法院除认定费列罗公司诉请中②、④、⑤项为特有有误以外,其他基本正确。

天津市高级人民法院二审经审理认定了一审法院查明的大部分事实。同时另查明:

FERRERO ROCHER 巧克力使用的包装、装潢的主要特征是:① 每一粒球状巧克力用金色纸质包装;② 在金色球状包装上配以印有"FERRERO ROCHER"商标的椭圆形金边标签作为装潢;③ 每一粒金球状巧克力均有咖啡色纸质底托作为装潢;④ 若干形状的塑料透明包装,以呈现金球状内包装;⑤ 塑料透明包装上使用椭圆形金边图案作为装潢,椭圆形内配有产品图案和商标,并由商标处延伸出红金颜色的绶带状图案。FERRERO ROCHER 巧克力产品的 8 粒装、16 粒装、24 粒装以及 30 粒装立体包装于 1984 年在世界知识产权组织申请为立体商标。我国广东、河北等地工商行政管理部门曾多次查处仿冒 FERRERO ROCHER 巧克力包装、装潢的行为。

蒙特莎公司生产、销售金莎 TRESOR DORE 巧克力商品,其除将"金莎"更换为"金莎 TRESOR DORE"组合商标外,仍延续使用张家港市乳品一厂金莎巧克力商品使用的包装、装潢。2003 年 7 月,"TRESOR DORE"商标经国家工商行政管理总局商标局核准注册,注册人为江苏梁丰食品集团有限公司。正元公司所经销的蒙特莎公司生产的金莎 TRESOR DORE 巧克力商品使用的包装、装潢与 FERRERO ROCHER 巧克力使用的包装、装潢主要特征基本相同。

天津市高级人民法院二审审理认为:

FERRERO ROCHER 巧克力使用的包装、装潢为整体设计,表达了特定的含义,形成特有的包装、装潢形式。蒙特莎公司金莎 TRESOR DORE 巧克力使用了与 FERRERO ROCHER 巧克力基本相同的包装、装潢,而蒙特莎公司不能证明系自己独立设计或者在先使用,因此,认定其擅自使用了 FERRERO ROCHER 巧克力特有的包装、装潢。

3. 终审情况

蒙特莎公司不服二审判决,提出再审申请称:FERRERO ROCHER 巧克力使用的包装、装潢是国际巧克力行业通用的包装、装潢,不具有特有性。认定该包装、装潢为特有会使巧克力行业的通用包装、装潢被费列罗公司排他性独占使用,垄断国内球形巧克力市场。而且,我国台湾地区"行政院公平交易委员会"就费列罗公司检举台湾大昌贸易有限公司涉嫌违反公平交易法一案中认为,FERRERO ROCHER 巧克力使用的包装、装潢不具有特有性。蒙特莎公司使用的金莎巧克力产品的包装、装潢是委托专业人员自主开发设计的。蒙特莎公司自 1990 年起对此包装、装潢已经使用了长达 15 年,且此种包装、装潢现已被国内外众多巧克力生产企业所采用。费列罗公司从未依照反不正当竞争法向人民法院或者行政机关主张过蒙特莎公司仿冒 FERRERO ROCHER 巧克力的包装、装潢,现该主张权利已无保护价值。

在举证期限内,再审申请人蒙特莎公司向本院提交的新证据有:①中国焙烤食品糖制品工业协会出具的证明 FERRERO ROCHER 巧克力使用的包装、装潢是通用包装、装潢的函。②国家工商行政管理总局商标评审委员会驳回费列罗公司申请其三个立体商标领土延伸保护的复审决定书,分别为商评字〔2006〕第 3190 号、商评字〔2006〕第 3191 号、商评字〔2006〕第 3192 号。证明费列罗公司就涉案产品的包装、装潢申请的立体商标已被驳回。③国家知识产权局专利复审委员会对费列罗公司的三项外观设计专利无效宣告请求审查决定书,分别为第 6606 号、第 6607 号、第 6913 号。证明费列罗公司就涉案产品的包装、装潢申请的外观设计专利被宣告无效。④我国台湾地区"最高行政法院"裁定,证明 FERRERO ROCHER 巧克力使用的包装、装潢不具有特有性。⑤三种在中国市场以外生产和销售的与 FERRERO ROCHER 巧克力使用的包装、装潢相似的巧克力产品,分别为 CAPITOL、CAPRICCI、ANIO 巧克力。证明 FERRERO ROCHER 巧克力使用的包装、装潢是通用包装、装潢。

费列罗公司答辩称:蒙特莎公司不能证明涉案包装、装潢是自己独立设计或者在先使用。①FERRERO ROCHER 巧克力使用的包装、装潢具有区别其他产品的显著特征,具有特有性。该包装、装潢通过形状、大小、图案、颜色以及排列组合、摆放位置综合形成了 FERRERO ROCHER 巧克力的独有识别性。一般消费者看到该特有包装、装潢即可识别并联想到是 FERRERO ROCHER 巧克力。②我国台湾地区法院对 FERRERO ROCHER 巧克力使用的包装、装潢的司法判决不能作为本案审理的参考依据。

在举证期限内,再审被申请人费列罗公司向本院提交的新证据有:①国外法院对仿冒 FERRERO ROCHER 巧克力包装、装潢构成侵权的判决。证明法国、德国、捷克、土耳其等国的法院认定 FERRERO ROCHER 巧克力包装、装潢具有特有性,并给予了保护。②以色列特拉维夫地方法院认定蒙特莎公司生产的金莎 TRESOR DORE 巧克力产品为侵权产品的判决。③我国台湾地区士林法院及台湾地区高等法院的判决。证明蒙特莎公司提及的在台湾地区的涉及 FERRERO ROCHER 巧克力包装、装潢的侵权诉讼案件尚未终审。④中企商标鉴定中心出具的《商标法律论证意见书》。证明 FERRERO ROCHER 巧克力使用的包装、装潢并非通用包装、装潢,具有特有性。⑤FERRERO ROCHER 巧克力三维立体商标在我国台湾地区注册的文件。证明 FERRER ROCHER 巧克力使用的包装、装潢具有特有性。

最高人民法院再审查明的事实:被控侵权的金莎 TRESOR DORE 巧克力包装、装潢为:每粒金莎 TRESOR DORE 巧克力呈球状并均由金色锡纸包装;在每粒金球状包装顶部均配以印有“金莎 TRESOR DORE”商标的椭圆形金边标签;每粒金球状巧克力均配有底面平滑无褶皱、侧面带波浪褶皱的呈碗状的咖啡色纸质底托;外包装为透明塑料纸或塑料盒;外包装正中处使用椭圆金边图案,内配产品图案及金莎 TRESOR DORE 商标,并由此延伸出红金色绶带。以上特征与费列罗公司起诉中请求保护的包装、装潢在整体印象和主要部分上相近似。

最高人民法院再审认为:一、二审法院认定的事实基本属实。盛装或者保护商品的容器等包装,以及在商品或者其包装上附加的文字、图案、色彩及其排列组合所构成的装潢,在其能够区别商品来源时,即属于反不正当竞争法保护的特有包装、装潢。费列罗公司请求保护的 FERRERO ROCHER 巧克力使用的包装、装潢系由一系列要素构成。如果仅仅以锡箔纸包裹球状巧克力,采用透明塑料外包装,呈现巧克力内包装等方式进行简单的组合,所形成的包装、装潢因无区别商品来源的显著特征而不具有特有性;而且,这种组合中的各个要素也属于食品包装行业中通用的包装、装潢元素,不能被独占使用。但是,锡纸、纸托、塑料盒等包装材质与形状、颜色的排列组合有很大的选择空间；将商标标签附加在包装上，该标签的尺寸、图案、构图方法等亦有很大的设计自由度。在可以自由设计的范围内，将包装、装潢各要素独特排列组合，使其具有区别商品来源的显著特征，可以构成商品特有的包装、装潢。FERRERO ROCHER 巧克力所使用的包装、装潢因其构成要素在文字、图形、色彩、形状、大小等方面的排列组合具有独特性，形成了显著的整体形象，且与商品的功能性无关，经过长时间使用和大量宣传，已足以使相关公众将上述包装、装潢的整体形象与费列罗公司的 FERRERO ROCHER 巧克力商品联系起来，具有识别其商品来源的作用，应当属于反不正当竞争法第 5 条第 2 项所保护的特有的包装、装潢。再审申请人关于判定涉案包装、装潢为特有会使巧克力行业的通用包装、装潢被费列罗公司排他性独占使用，垄断国内球形巧克力市场等理由不能成立。

此外，费列罗公司 FERRERO ROCHER 巧克力的包装、装潢使用在先，蒙特莎公司主张其使用的涉案包装、装潢为自主开发设计缺乏充分证据支持，二审判决认定蒙特莎公司擅自使用 FERRERO ROCHER 巧克力特有包装、装潢正确。

本案诉请是以制止不正当竞争行为的方式保护 FERRERO ROCHER 巧克力使用的由文字、图形、色彩、形状、大小等诸要素构成的包装、装潢的整体设计，该受保护的整体形象设计不同于三维标志性的立体商标，不影响相关部门对于有关立体商标可注册性的独立判断。蒙特莎公司提交的国家工商行政管理总局商标评审委员会驳回费列罗公司立体商标领土延伸保护的复审决定等与本案并无直接关联，不影响本案的处理。知名商品的特有包装、装潢与外观设计专利的法律保护要求也不同，蒙特莎公司提交的国家知识产权局专利复审委员会对费列罗公司外观设计专利无效宣告请求审查决定与判断 FERRERO ROCHER 巧克力使用的包装、装潢是否具有特有性亦无直接关联。蒙特莎公司提交的我国台湾地区“最高行政法院”的裁定以及费列罗公司提交的国外法院的判决等亦与本案所涉相关市场不具有关联性，不能作为本案认定事实的依据。

(三)相关公众误认之争

1. 一审情况

天津市第二中级人民法院一审审理认为：

蒙特莎公司生产、销售被控侵权的金莎巧克力产品是江苏梁丰食品集团有限公司对所属公司经营该产品采取的营销策略。蒙特莎公司承继张家港市乳品一厂、上海外贸申港食品厂生产该产品,具有延续性。不能因集团内部生产厂家的调整而将金莎巧克力的发展过程割裂,而应以产品的整体连续性作为其考察、评价基准。金莎巧克力自张家港市乳品一厂于1990年推出以来,一直采用与被控侵权巧克力一致、同时与FERRERO ROCHER巧克力近似的装潢。

此后,经过以江苏梁丰食品集团有限公司为龙头的各生产企业的广泛宣传,金莎巧克力的市场占有率在巧克力产品中名列前茅,并多次获得国家政府部门和相关协会的褒奖,成为在中国知名度较高的商品。

在原告、被告的巧克力商品均为我国知名商品的情况下,二者商品知名的时间先后及知名度的高低应当作为普通消费者能否将被告商品误认为原告商品的具体认定因素。从双方巧克力商品知名的时间分析,蒙特莎公司生产的金莎巧克力至20世纪90年代中期已经逐步从地方政府及消费者认可的商品发展为全国知名商品,市场占有率较高,并于2004年被评为中国名牌产品。FERRERO ROCHER巧克力进入国内市场后的一段时间直至1993年前,仅在一些城市的免税商店、机场等场所销售,与普通消费者的生活距离较远,其在该段时间不具有知名性。1993年以后,FERRERO ROCHER巧克力以广东、上海、北京为主要宣传、销售市场,并以此三地为核心逐步扩展销售范围,近几年成为国内知名商品,其知名的时间要晚于蒙特莎公司生产的金莎巧克力。就双方巧克力商品的知名度而言,蒙特莎公司提供的连续多年的市场销售占有率排行榜表明,消费者对金莎巧克力商品的认可度较高,经常出现在排行榜前列,而排行榜中从未出现FERRERO ROCHER巧克力,足以说明金莎巧克力知名度明显高于FERRERO ROCHER巧克力。由于金莎巧克力的知名度高、知名持续时间长,使其相对于其他品牌的巧克力产生较强的区别性特征,产品外观的显著性日益提高,在此种情况下,消费者不会将蒙特莎公司的金莎巧克力误认为是费列罗公司的FERRERO ROCHER巧克力。再者,蒙特莎公司与费列罗公司的巧克力产品在国内市场十多年的并行存在和宣传、销售的过程中,对各自产品的商标及产地来源极为注重,对产品的质量、价格、口味及消费层次的不同需要使双方拥有各自的消费群。

由于费列罗公司的"FERRERO ROCHER"商标与蒙特莎公司的"金莎"商标均处于产品包装的显著位置,消费者能从巧克力的商标及生产厂家等不同之处进行分辨,购买自己所需要的产品,近似的装潢已经不能成为消费者选择的障碍。因此，尽管二者产品装潢近似，亦不足以使消费者产生误认，混淆二者的产品。

综上，蒙特莎公司生产的金莎巧克力使用的包装、装潢不构成对费列罗公司的不正当竞争，正元公司销售金莎巧克力的行为亦不构成侵权。

2. 二审情况

费列罗公司上诉称：一审法院错误理解相关公众的概念，将接触免税商店商品的消费者错误地排除在相关公众之外，并将相关公众按照商品的价格及消费层次的不同需求进行分层。一审法院对费列罗公司坚持主张蒙特莎公司违反诚实信用原则，如抢注“金莎”商标以及在商标标签上虚假标注“始于1968年”等恶意行为也未予认定。

蒙特莎公司答辩称：费列罗公司错误理解了相关公众和判断的标准。一审判决在认定事实、法律适用和实体裁决上正确。被控侵权商品就是金莎巧克力，被控侵权商品的包装、装潢就是金莎巧克力使用的包装、装潢。“TRESOR DORE”商标是2003年获得注册的商标，蒙特莎公司将“TRESOR DORE”商标和“金莎”组合使用在自己的产品上并没有改变产品的来源。

天津市高级人民法院二审审理认为：

根据诚实信用原则和公认的商业道德准则，知名商品应当是诚实经营的成果。在法律上不能把使用不正当竞争手段获取的经营成果作为商品知名度的评价依据。蒙特莎公司擅自使用FERRERO ROCHER巧克力特有的包装、装潢，生产、销售金莎TRESOR DORE巧克力，直接影响了FERRERO ROCHER巧克力的销售和知名度。所以，如果以蒙特莎公司生产的金莎TRESOR DORE巧克力现在在我国的市场知名度高于FERRERO ROCHER巧克力的知名度为由，驳回费列罗公司的诉讼请求，实际上是维持了本案不正当竞争的后果。

本案的审理根据《中华人民共和国民法通则》关于涉外民事关系法律适用之规定，应适用《中华人民共和国反不正当竞争法》。同时，我国与意大利均为《保护工业产权巴黎公约》成员国，遇有我国法律与公约有不同规定的情形，应当适用《保护工业产权巴黎公约》的规定。依据《保护工业产权巴黎公约》第十条之二的规定，本案在适用《中华人民共和国反不正当竞争法》第5条时，应当不限于法律所列举的一般情形，

本案应认定蒙特莎公司的行为构成对费列罗公司的商品及商业活动造成混淆的不正当竞争，依法应予制止。故本案的审理应依据我国反不正当竞争法

规定的宗旨和原则及相关国际公约规定，维护商业活动的诚实信用和公平竞争。一审判决适用法律不当，处理有失公允。上诉人费列罗公司的主要上诉理由成立，予以支持。

3. 再审情况

蒙特莎公司不服二审判决，提出再审申请称：①巧克力作为高档甜食，消费者购买时主要依靠对商标的识别，不会根据包装、装潢进行识别，相似的包装、装潢不会导致消费者混淆。②二审判决超越了当事人诉讼请求，费列罗公司仅起诉金莎 TRESOR DORE 巧克力 T3、T8、T16、T24（分别指3粒装、8粒装、16粒装、24粒装）使用的包装、装潢侵权，但二审判决蒙特莎公司立即停止使用金莎 TRESOR DORE 系列巧克力使用的包装、装潢，不合法地包括了蒙特莎公司生产的 T12、T36、T42、T45 以及纸盒包装的4粒、8粒、16粒等七种产品，违反了民事诉讼不告不理的原则。

在举证期限内，再审申请人蒙特莎公司提交的新证据包括以下几个方面。

费列罗公司答辩称：①张家港市乳品一厂生产的金莎巧克力使用的包装、装潢自20世纪90年代面世以来，出现了很多次变动，发展至今，蒙特莎公司生产的金莎 TRESOR DORE 巧克力已经与当初面世使用的包装、装潢有很大区别，且与 FERRERO ROCHER 巧克力使用的包装、装潢非常相似，足以使消费者造成混淆，引起误认。即使蒙特莎公司长期使用现有包装、装潢，也不影响费列罗公司申请保护相关权利。②二审判决蒙特莎公司停止使用金莎 TRESOR DORE 系列巧克力的侵权包装、装潢正是费列罗公司一审诉请所请求保护的包装、装潢，并没有超越诉讼请求。

在举证期限内，再审被申请人费列罗公司提交的新证据有：①在1990年第四期《中国民航》杂志上刊登的广告。证明与涉案包装、装潢一致的 FERRERO ROCHER 巧克力在1990年是以“金莎”巧克力的名义在中国进行的广告宣传及销售。②蒙特莎公司模仿的费列罗公司尚未在中国销售的其他巧克力产品以及其他国外知名巧克力产品实物。证明蒙特莎公司仿冒行为的主观恶意。

最高人民法院再审认为：一、二审法院认定的事实基本属实。对商品包装、装潢的设计，不同经营者之间可以相互学习、借鉴，并在此基础上进行创新设计，形成有明显区别各自商品的包装、装潢。这种做法是市场经营和竞争的必然要求。就本案而言，蒙特莎公司可以充分利用巧克力包装、装潢设计中的通用要素，自由设计与他人在先使用的特有包装、装潢具有明显区别的包装、装潢。但是,对他人具有识别商品来源意义的特有包装、装潢,则不能作足以引起市场混淆、误认的全面模仿,否则就会构成不正当的市场竞争。我国反不正当竞争法中规定的混淆、误认,是指足以使相关公众对商品的来源产生误认,包括误认为与知名商品的经营者具有许可使用、关联企业关系等特定联系。本案中,由于FERRERO ROCHER巧克力使用的包装、装潢的整体形象具有区别商品来源的显著特征,蒙特莎公司在其巧克力商品上使用的包装、装潢与FERRERO ROCHER巧克力特有包装、装潢又达到在视觉上非常近似的程度,即使双方商品存在价格、质量、口味、消费层次等方面的差异和厂商名称、商标不同等因素,仍不免使相关公众易于误认金莎TRESOR DORE巧克力与FERRERO ROCHER巧克力存在某种经济上的联系。据此,再审申请人关于本案相似包装、装潢不会构成消费者混淆、误认的理由不能成立。

在原审审理期间,费列罗公司列举提出蒙特莎公司生产的T3、T8、T16、T24金莎TRESOR DORE巧克力擅自使用了与其特有包装、装潢近似的包装、装潢,使消费者产生混淆、误认。虽然未明确列举对蒙特莎公司生产的T12、T36、T42、T45以及纸盒包装的4粒、8粒、16粒等7种巧克力商品的侵权指控,但在费列罗公司的起诉状中,请求判令不得生产、销售符合FERRERO ROCHER巧克力特有的任意一项或者几项组合的包装、装潢的产品或者任何与FERRERO ROCHER巧克力特有包装、装潢相似的足以引起消费者误认的产品。蒙特莎公司生产的上述另外7种巧克力也均采用了与FERRERO ROCHER巧克力特有包装、装潢近似的包装、装潢。二审判令蒙特莎公司立即停止使用金莎TRESOR DORE系列巧克力侵权包装、装潢并未超出费列罗公司的诉讼请求。

知名商品的特有包装、装潢属于商业标识的范畴,确定反不正当竞争法第5条第2项规定的不正当竞争行为的损害赔偿额,可以参照确定侵犯注册商标专用权的损害赔偿额的方法。由于费列罗公司未能提供证据证明其因本案不正当竞争行为所遭受的经济损失或者蒙特莎公司因本案不正当竞争行为所获得的利润,人民法院在确定赔偿数额时可以参照商标法有关法定赔偿的规定,根据侵权行为的情节,给予人民币50万元以下的赔偿。据此,二审法院判令蒙特莎公司赔偿费列罗公司人民币70万元于法无据,应予纠正。本院综合考虑FERRERO ROCHER巧克力的知名度、蒙特莎公司实施不正当竞争行为的时间、规模等因素,酌情确定蒙特莎公司赔偿费列罗公司人民币50万元的经济损失。

此外,本案费列罗公司请求保护的是知名商品特有的包装、装潢,我国反不正当竞争法第5条第2项对此已有明确的保护规定，而且该规定与《保护工业产权巴黎公约》的有关规定并无不合，在国内已有符合条约要求的法律规定的情况下，无须再援引条约的相关规定。因此，二审判决关于“遇有我国法律与《保护工业产权巴黎公约》有不同规定的情形，应当适用公约的规定，本案适用反不正当竞争法第5条第2项时，应当不限于法律所列举的一般情形，应认定蒙特莎公司的行为构成对费列罗公司的商品及商业活动造成混淆的不正当竞争”的理由不当，应予纠正。

综上，蒙特莎公司在其生产的金莎TRESOR DORE巧克力商品上，擅自使用与费列罗公司的FERRERO ROCHER巧克力包装、装潢相近似的包装、装潢，足以引起相关公众对商品来源的混淆、误认，构成不正当竞争行为。二审判决部分理由不妥，但判决蒙特莎公司的行为构成不正当竞争并责令立即停止使用金莎TRESOR DORE系列巧克力违法包装、装潢并无不当。为划清本案依法应受保护的包装、装潢整体形象的特有性与其中某些构成要素的通用性，以及该特有包装、装潢与费列罗公司另案主张的相关立体商标之间的界限，更加准确地界定本案不正当竞争行为的范围，对二审有关判决主文作适当调整。

如同商标、商号，知名商品的名称、包装、装潢属于受保护的区别性标志，可以区分同类商品和服务、商品和服务出处避免混淆、便利消费者选择，从而有降低交易成本、增加交易机会、提高交易效率的促进市场竞争的作用。知名商品的名称、包装、装潢受法律保护，禁止非法使用。创新是超越竞争对手、获取竞争优势的根本。知名商品特有的名称、包装、装潢受法律保护，拥有在先权利，这是法律对创新的激励与保护。后来者唯有超越模仿、不断创新形成自己独有的竞争优势，才不至于落入他人的权利保护范围之内，引发诉讼，这也正是制度所力图塑造的竞争格局与秩序。

DISANZHANG

第三章

消费者权益保护法

▶案例:刘超捷诉中国移动徐州分公司电信服务合同纠纷案 > > >

【案情简介】

原告:刘超捷。

被告:中国移动通信集团江苏有限公司徐州分公司。

原告刘超捷因与被告中国移动通信集团江苏有限公司徐州分公司(以下简称中国移动徐州分公司)发生电信服务合同纠纷,向江苏省徐州市泉山区人民法院提起诉讼。

原告刘超捷诉称,2009 年 11 月 24 日,原告在被告中国移动徐州分公司矿大南湖营业厅办理一张“神州行”手机卡,号码为 1590520 × × × ×,并与被告签署《业务受理单》,开通如下套餐:“月最低消费 10 元,长话一费,生效时间为 2009 年 11 月 24 日”。2010 年 7 月 5 日,原告通过中国移动官方网站用银联卡进行网上充值,充值金额为 50 元。原告在 2010 年 11 月 7 日使用该卡时发现该卡已被被告停机,原告到被告的营业厅查询时方知该卡于 2010 年 10 月 23 日因有效期到期而停机,账户中尚有余额 11.70 元。原告、被告订立服务合同时合同未规定“有效期”限制,被告也未告知原告相关规定,且被告在中止服务前后未给原告任何提示,被告无正当理由单方面中止提供服务,构成合同违约。根据相关法律规定,请求判令被告取消对原告的话费有效期的限制,继续履行合同,诉讼费用由被告承担。

被告中国移动徐州分公司辩称,根据《中华人民共和国电信条例》及原邮电部及信息产业部的相关规定,被告依法对提供给原告刘超捷使用号码的话费有效期进行限制,且充分保护了客户的权利。根据原被告之间建立的电信服务合同,约定了付费方式为预付费,双方应遵守国家相关部门关于预付费业务管理的相关规定。是否应当设定原告有效期的问题,不属于民事诉讼的范围,且有相关判例,故请求依法驳回原告的诉讼请求。

【基本问题】

（一）本案是否属于民事诉讼的受案范围？

（二）合同有效期限制及告知问题。

（三）原告要求被告取消对有效期限制及继续履行合同是否有事实和法律依据？

【讨论与分析】

（一）本案是否属于民事诉讼的受案范围

被告中国移动徐州分公司提供了如下证据：

（1）北京市东城区人民法院〔2006〕东民初字第07661号民事裁定书、北京市第二中级人民法院〔2008〕二中民终字第05443号民事裁定书，该案原告要求确认充值卡后有关有效期限制的条款违法的诉讼请求，最终被法院以“不属于平等主体的民事法律关系”裁定驳回起诉，借以证明是否应当设定有效期的问题不属于民事诉讼的范围，且有相关判例证实。

（2）邮电部移动通信局《全国智能网预付费业务管理办法（暂行）》《全国智能网预付费业务SIM卡和充值卡管理办法（暂行）》，借以证明被告中国移动徐州分公司对话费有效期进行限制是根据国家相关文件设定，且不属于民事诉讼的受理范围。

徐州市泉山区人民法院查明的事实：

后查，北京市东城区人民法院和北京市第二中级人民法院审理的案件是朱福祥诉中国移动通信集团北京有限公司其他服务合同纠纷，两级法院认为，民事诉讼是调整公民之间、法人之间、其他组织之间以及他们相互之间因财产关系和人身关系提起的诉讼。朱福祥主张中国移动通信集团北京有限公司作出的“请在截止日期前充值，逾期将被视为放弃卡上金额”以及“中国移动保留对本卡使用的最终解释权”之条款违反法律规定，要求确认上述条款违法的诉讼，不属于我国民法通则规定的平等主体之间的民事法律关系，其起诉不予受理，并裁定驳回了朱福祥的起诉。

徐州市泉山区人民法院一审认为：

在案件审理中，被告中国移动徐州分公司辩称“是否应当设定有效期的问题，不属于民事诉讼的受案范围”，并提供了北京市东城区人民法院及北京市第二中级人民法院的有关民事裁定书加以证明。法院认为，北京市东城区人民法院及北京市第二中级人民法院审理的案件是移动客户起诉移动运营商并要求法院确认充值卡后第5条和第8条(内容分别为:“请在截止日期前充值,逾期将被视为放弃充值卡上金额”;“中国移动保留对本卡使用的最终解释权”)无效,该案与本案没有关联性。即使有关联,该案的判决也不能作为本案判决的依据。

本案是原告刘超捷以电信经营者违约而提起的合同之诉,并未将邮电部移动通信局《全国智能网预付费业务管理办法(暂行)》《全国智能网预付费业务SIM卡和充值卡管理办法(暂行)》的规定作为诉讼的审查对象,亦未将是否设定有效期、是否符合法律规定作为独立的诉讼请求提出,而是以被告中国移动徐州分公司未履行告知义务、侵害消费者合法权益为诉讼标的,故本案属于民事法律关系调整的范畴和法院的受案范围。

(二)合同有效期限制及告知问题

原告刘超捷提供了如下证据:

(1)2009年11月24日客户姓名为刘超捷的中国移动通信业务受理单和入网服务协议,借以证明2009年11月24日原告刘超捷在被告中国移动徐州分公司营业厅办理入网业务,原告、被告存在合同关系,业务受理单和入网服务协议没有有效期的内容,被告未向原告告知有效期的限制。

(2)江苏移动网上营业厅网上充值截屏1张,借以证明原告刘超捷于2010年7月5日通过网上银行现金充值50元。

被告中国移动徐州分公司提供了如下证据:

(1)江苏省邮电通信业通用发票3张,系被告中国移动徐州分公司在营业厅收集的客户遗弃的发票,借以证明被告出具的发票均为单联发票,在发票联明确告知了客户有效期,这是通信业的交易习惯。

(2)江苏省地方税务局苏地税函〔2008〕393号《关于中国移动通信集团江苏有限公司试行使用计算机系统开具单联式发票的通知》,借以证明2009年5月20日后被告中国移动徐州分公司已经全面启用单联发票。

(3)被告中国移动徐州分公司信息技术中心系统截屏1张,借以证明2009年11月24日原告刘超捷在被告营业厅充值50元,被告在向原告提供的服务中,在发票的显著位置标注了话费有效期。

(4)被告中国移动徐州分公司《通知》1份,借以证明2009年5月20日被告全面启用单联发票。

(5)中国移动通信《神州行》宣传册一本,其中宣传册第7页有关于银联卡充值和有效期的介绍说明，借以证明关于有效期的限制被告中国移动徐州分公司向原告刘超捷进行了告知。

江苏省徐州市泉山区人民法院一审查明：

2009年11月24日，原告刘超捷在被告中国移动徐州分公司营业厅申请办理"神州行标准卡"，手机号码为1590520××××，开通套餐：月最低消费10元，长话一费，开通业务：省际漫游、呼叫转移等，付费方式为预付费。

在业务受理单所附《中国移动通信客户入网服务协议》中，双方对各自的权利和义务进行了约定，该协议中没有关于预付话费有效期限制的相关内容。原告当场预付话费50元，参与被告公司充50元送50元的活动。

2010年7月5日，原告刘超捷在中国移动官方网站网上营业厅通过银联卡网上充值50元。该网页上显示的查询充值记录内容仅有充值时间、充值金额、充值渠道三项内容，而没有充值即预付话费的有效期。2010年11月7日，原告在使用该手机号码时发现该手机号码已被停机，原告到被告中国移动徐州分公司的营业厅查询，方得知被告于2010年10月23日因话费有效期到期而暂停移动通信服务，此时账户余额为11.70元。原告刘超捷使用的涉案手机号码现在已被被告中国移动徐州分公司收回，未发放给新的客户使用。

另外查明，邮电部移动通信局《全国智能网预付费业务管理办法（暂行）》《全国智能网预付费业务SIM卡和充值卡管理办法（暂行）》规定不同面值的充值卡对应不同的有效期以及用户拨打第一个充值电话时，才SCP激活账户数据，并开始设置用户账户的金额、有效期和起始日期。

徐州市泉山区人民法院一审认为：

原告、被告所签电信服务合同意思表示真实，不违反法律、行政法规的强制性规定，自双方在业务受理单上签字、盖章后，合同依法成立并生效，当事人均应按合同约定履行各自的义务。

业务受理单、入网服务协议是电信服务合同的主要内容，确定了原告、被告双方的权利义务内容，入网服务协议第四项约定有权暂停或限制移动通信服务的情形，第五项约定有权解除协议、收回号码、终止提供服务的情形，均没有因有效期到期而中止、解除、终止合同的约定。

依照《中华人民共和国消费者权益保护法》第20条的规定，经营者向消费者提供有关商品或者服务的质量、性能、用途、有效期限等信息，应当真实、全面。

被告主张“通过单联发票、宣传册和短信的方式向原告告知了有效期”，首先，原告对告知的事实予以否认；其次，被告未能提供有效的证据证明已通过上述方式向原告进行了告知；最后，依据合同法第39条的规定，采用格式条款订立合同的，提供格式条款的一方应当遵循公平原则确定当事人之间的权利和义务，并采取合理的方式提请对方注意免除或者限制其责任的条款，按照对方的要求，对该条款予以说明。

话费有效期限制直接影响到原告手机号码的正常使用，一旦有效期到期，将导致停机、号码被收回的后果，因此被告对此负有明确如实告知的义务，且在订立电信服务合同之前就应如实告知原告。如果在订立合同之前未告知，即使在缴费阶段告知，亦剥夺了当事人的选择权，有违公平、诚实信用原则，故对被告此辩称理由法院不予支持。

（三）原告要求被告取消对有效期限制及继续履行合同是否有事实和法律依据

徐州市泉山区人民法院认为：

电信用户的知情权是电信用户在接受电信服务时的一项基本权利，电信业务的经营者应当给予充分的尊重，用户在办理电信业务时，电信业务的经营者必须向其明确说明该电信业务的内容，包括业务功能、费用收取办法及交费时间、障碍申告等，如果用户在不知悉该电信业务的真实情况下进行消费，就会剥夺用户对电信业务的选择权，达不到真正追求的电信消费目的。

电信业务的经营者作为提供电信服务合同格式条款的一方，应当遵循公平原则确定与电信用户的权利义务内容，权利义务的内容必须符合维护电信用户和电信业务经营者的合法权益、促进电信业的健康发展的立法目的，并有效告知对方注意免除或者限制其责任的条款并向其释明。

被告提供的邮电部移动通信局《全国智能网预付费业务管理办法（暂行）》《全国智能网预付费业务SIM卡和充值卡管理办法（暂行）》仅规定不同面值的充值卡对应不同的有效期，但并没有对人工充值和网上充值的预付费是否设置有效期进行规定。因此，被告辩称对话费有效期进行限制是根据国家相关文件设定的证据不足，法院不予支持。

由于被告既未在电信服务合同中约定有效期内容，亦未提供证据证实在签订合同时已将预付话费的有效期限制明确告知原告并释明，所以被告不得在合同履行中以预付话费超过有效期为由对用户进行通话限制。被告以预付费过期为由对原告暂停服务、收回号码的行为构成违约，应当承担继续履行等违约责任。《中华人民共和国合同法》第107条规定，当事人一方不履行合同义务或者履行合同义务不符合约定的，应当承担继续履行、采取补救措施或者赔偿损失等违约责任。因此，原告主张“取消被告对原告的话费有效期的限制，继续履行合同”的诉讼请求，符合法律规定，法院依法予以支持。

信息不对称是消费市场的基本状况，也是产生不公平交易的外部客观环境。为纠正市场偏差，消费者权益保护法通过消费者知悉真情权和经营者如实告知的义务的设置，促进和维护交易的公平。知悉真情权是消费者的法定权利，经营者应当向消费者提供有关服务的真实信息。对消费者知情权的保护是实现诸如选择权、公平交易权等其他权利的基础，是消费者实现自我保护的不可或缺的必要信息条件。与此相对应，经营者有如实告知的义务，确保真实、准确、完整、及时地对消费者作信息披露。本案法理与技术性细节前述已很充分，值得深入思考的是法律之外。价值观决定行动。不断创新与为客户创造价值是企业基业长青的根本，视消费者为上帝是企业的理性选择。对消费者的保护与尊重应从法律条文落实到具体行动中去，成为企业的文化。只有实现企业与消费者的良性互动，才能为企业的长远发展培育良好的信用基础，撤诉是企业的明智之举。

DISIZHANG

第四章

广告法

▶案例:彭学纯诉上海市工商局不履行广告监管法定职责纠纷案 > > >

【案情简介】

一审原告(二审被告):彭学纯。

一审被告(二审原告):上海市工商行政管理局。法定代表人:张文蔚,该局局长。

原告彭学纯 2000 年 12 月 1 日向被告上海市工商行政管理局(以下简称工商局)投诉,要求其履行法定职责,对上海有线电视台戏剧频道播放违法医疗广告,误导其妻子就医时死亡一案进行查处。工商局口头作出有关节目不属于广告,不予立案后,彭学纯认为被告在接到投诉后,没有对该违法医疗广告进行立案查处,属于不履行法定职责。要求被告履行法定职责,查处上海有线电视台播出的违法医疗广告。向上海市徐汇区人民法院提起行政诉讼。

【基本问题】

(一)涉案新闻报道是否为医疗广告?

(二)工商局是否履行法定职责?

【讨论与分析】

(一)涉案新闻报道是否为医疗广告

1. 一审情况

原告诉称:2002 年 8 月 16 日晚,我妻子看了上海有线电视台戏剧频道播放的介绍 411 医院的电视医疗广告后,于 8 月 21 日住进了该医院进行治疗,29 天后竟然无故死亡。

原告提供的主要证据和依据有:

① 2000 年 8 月 16 日上海有线电视台戏剧频道播出的节目光盘一张,以证

明该节目实际上为医疗广告。②411 医院医疗机构执业许可证复印件，以证明该医院被批准的诊疗科目中无骨科一项。③2001 年 4 月 27 日《购物导报》和 2001 年 4 月 20 日《市民周刊》刊登的 411 医院的广告复印件。

被告辩称：原告反映的电视节目是一个专题报道，主要内容介绍了包括 411 医院院长章某在内的五位上海市新长征突击手的事迹。节目虽然有关于骨病治疗的内容，但认定为广告依据不足，上海市徐汇区人民法院经审理查明：

2000 年 8 月 16 日晚 8 点，上海有线电视台戏剧频道《闪亮时分》栏目播放了专题节目《共和国之歌——献给人民功臣》，该节目内容主要是介绍上海 411 医院院长章某等五位上海市新长征突击手的事迹。原告彭学纯于 2000 年 12 月向被告工商局投诉称，因为看了该节目，他妻子于 2000 年 8 月 21 日住进了 411 医院进行治疗，29 天后死亡。彭学纯认为该节目系违法医疗广告，故要求工商局进行查处。对此，工商局口头答复该节目不属于广告，不同意立案查处。故彭学纯起诉要求工商局履行法定职责，查处电视台播出该医院违法广告的行为。

上海市徐汇区人民法院认为：

国家工商行政管理局、卫生部 1993 年 9 月 27 日发布的《医疗广告管理办法》(已于 2006 年修订)明确规定，医疗广告是指医疗机构通过一定的媒介或者形式，向社会或者公众宣传其运用科学技术诊疗疾病的活动。国家工商行政管理局 2001 年 3 月 1 日在工商广字〔2001〕第 57 号答复中进一步明确，大众传播媒介利用新闻报道形式介绍医疗机构及其服务，如出现医疗机构的地址、电话号码或其他联系方式等内容的，在发表有关医疗机构报道的同时，在同一媒体同一时间(时段)发布该医疗机构广告的，即使发布者声称未收取费用，也应认定为利用新闻报道形式发布医疗广告。从彭学纯提供的电视节目内容可以看出，该专题报道从形式上具备了上述规定认定医疗广告的基本特征。

2. 二审情况

一审宣判后，上海市工商局向上海市第一中级人民法院提出上诉，上海市工商局认为：有关电视专题报道主要是介绍海军医院院长等医务人员的事迹，虽然其中包括了关于骨病治疗的内容，但认定为广告依据不足；请求驳回彭学纯的诉讼请求。

彭学纯辩称：上海市有线电视台过去从未播放过类似的节目，据了解该节目是 411 医院自行制作后送电视台的；该节目中明确说明了医疗机构的名称、医师的姓名、医疗的内容，故应认定为医疗广告，请求维持原判。

庭审中，法庭再次播放了经录制的上海市有线电视台播出的有关411医院的节目，双方当事人对一审法院认定的案件事实无异议。

上海市第一中级人民法院认为：

1993年国家工商行政管理局、卫生部《医疗广告管理办法》第2条第2款规定，医疗广告是指医疗机构通过一定媒介或者形式，向社会或者公众宣传其运用科学技术诊疗疾病的活动。公众所理解的广告，就是以一定的方式通过媒体对商品或者服务以及提供商品或者服务单位的宣传和介绍。从庭审播放的上海市有线电视台专题节目《共和国之歌——献给人民功臣》来看，尽管录制的光盘声音不清晰，但画面反映出节目中不仅有对411医院院长章某的事迹介绍，还有相当一部分内容是介绍其诊疗方法和疗效，画面上还三次出现411医院名称的特写镜头。该节目反映的信息既有医务人员工作事迹的介绍，又有医务人员医术和医疗专长的介绍，其宣传医院和医院服务的用意十分明显，彭学纯有理由得出该节目属于医疗广告的结论。因此，原审认定该专题报道从形式上具备了认定为医疗广告的基本特征，并无不当，符合《医疗广告管理办法》的有关规定，工商局以该节目不构成广告而不予查处的理由不成立。

（二）工商局是否履行法定职责

原告认为：被告在接到投诉后，没有对该违法医疗广告进行立案查处，属于不履行法定职责。提供的主要证据和依据有：(1)有关“12家医疗机构受罚”报道复印件，内容有上海市工商行政管理局广告管理处处长介绍医疗类违法违规广告的情况，以证明查处非法医疗广告属于工商局的职责范围。(2)上海市卫生局、上海市工商行政管理局《关于加强医疗广告管理的通知》复印件，以证明被告应适用该通知对各类违法医疗广告予以查处。

被告辩称：接到彭学纯的投诉后，已积极进行调查，将节目内容录制成了光盘交给其本人，并将处理结果告知了彭学纯，已履行了法定职责，我局已口头答复原告不对该节目立案查处。现原告要求被告履行法定职责与事实不符，请求驳回原告的诉讼请求。

上海市徐汇区人民法院认为：

被告工商局作为上海市的广告监督管理机关，对违反法律规定的广告活动，有权依照法律的规定进行行政处罚。工商局对彭学纯的投诉应予以调查处理，并将处理结果告知其本人。

上海市第一中级人民法院认为：

《中华人民共和国广告法》第 6 条规定，县级以上人民政府工商行政管理部门是广告监督管理机关。根据广告法的规定，广告的管理和监督是工商行政管理部门的职责之一，因此，认定有关节目是否构成广告，是否构成违法广告，以及如何依法进行行政处罚，均属于工商行政管理部门的职责范围。彭学纯认为上海市有线电视台播出节目属于违法广告，侵犯其合法权益，并向上海市工商局申请对该广告予以行政查处，符合《中华人民共和国行政诉讼法》的有关规定。

工商局虽然将不予立案查处的理由告诉了彭学纯本人，但由于工商局没有依法履行其法定的行政职责，未能够依法保护申请人的人身权和财产权，故原审判决认定工商局应对该节目进行查处，亦无不当，可予维持。

医疗广告是指利用各种媒介或者形式直接或间接介绍医疗机构或医疗服务的广告。医疗广告涉及人民身体健康和诊疗安全，但一般患者无识别和判断能力，故医疗机构发布医疗广告，应当严格遵守广告法、《医疗广告管理办法》等法律法规，依法合规进行。大众传播媒介不得以新闻报道形式发布广告。本案的关键在于新闻报道与医疗广告的合理界分。它关乎广告主、媒体、消费者、监管机构等各方权利（权力）、义务（职责）的实现和履行，直接影响各方的法律责任。广告主利用新闻报道植入医疗广告意在规避医疗广告的法律规制。广告法规定，广告应当具有可识别性，能够使消费者辨明其为广告。大众传播媒介不得以新闻报道形式发布广告。通过大众传播媒介发布的广告应当有广告标记，与其他非广告信息相区别，不得使消费者产生误解。

DIWUZHANG

第五章

产品质量法

▶案例1:贾国宇诉北京国际气雾剂有限公司、龙口市厨房配套设备用具厂、北京市海淀区春海餐厅人身损害赔偿案 > > >

【案情简介】

原告:贾国宇。

被告:北京国际气雾剂有限公司。

法定代表人:宋德山,董事长。

被告:山东省龙口市厨房配套设备用具厂。

法定代表人:杜胜利,厂长。

被告:北京市海淀区春海餐厅。

法定代表人:李成文,经理。

原告贾国宇因与被告北京国际气雾剂有限公司(以下简称气雾剂公司)、龙口市厨房配套设备用具厂(以下简称厨房用具厂)、北京市海淀区春海餐厅(以下简称春海餐厅)发生人身损害赔偿纠纷,向北京市海淀区人民法院提起诉讼。

【基本问题】

本案焦点问题在于涉案产品和服务的产品责任是否成立?

【讨论与分析】

本案焦点问题在于涉案产品和服务的产品责任是否成立。

贾国宇诉称:1995年3月8日晚,我全家与邻居马家在春海餐厅聚餐,用餐中我们使用的卡式炉燃气罐突然发生爆炸,将我的面部及双手严重烧伤。现我容貌被毁,手指变形,留下残疾,不仅影响了学业,给我的身体、精神均造成极大痛苦。故要求气雾剂公司、厨房用具厂和春海餐厅共同赔偿我的医疗费12935.7元、治疗辅助费5950.35元、护理费9283.5元、营养费4739.18元、交通费4293.90元、学习费用509元、部分丧失劳动能力的今后生活补助费51840元、未来教育费2万元、未来治疗费30万元、精神损害赔偿金65万元，共计1659551.63元。

气雾剂公司辩称：春海餐厅使用的卡式炉燃气罐系我公司组装生产，气液、气罐均从生产厂家所购买。此次事故的主要原因是炉具漏气出现小火而造成，与气体成分并无必然联系。我公司的产品质量合格。现贾国宇并无证据证明此次事故是我厂的产品质量不合格引起。贾国宇起诉我公司赔偿没有法律依据。

厨房用具厂辩称：我厂的卡式炉是严格依照中华人民共和国城市建设环境保护部、轻工业部1984年9月1日实施的关于家用煤气灶技术要求的部级标准生产的，并经轻工业部日用五金质量监督检测中心检验为合格产品。气雾剂公司灌装的气液不符合标准，是造成事故的主要原因。因此，我公司不承担任何责任。

春海餐厅辩称：贾国宇在餐厅就餐时因卡式炉爆炸致伤，是因为卡式炉和气罐质量问题引发的事故。我餐厅提供服务没有过错，不同意赔偿。

北京市海淀区人民法院经公开审理查明：

1995年3月8日晚7时许，原告贾国宇与家人及邻居在春海餐厅聚餐。被告春海餐厅在提供服务时，所使用的卡式炉燃烧气是被告气雾剂公司生产的“白旋风”牌边炉石油气，炉具是被告厨房用具厂生产的YSQ－A“众乐”牌卡式炉。当贾国宇等人使用完第一罐换置第二个气罐继续使用约10分钟时，餐桌上正在使用的卡式炉燃气罐发生爆炸，致使贾国宇面部、双手烧伤，当即被送往中国人民解放军第262医院治疗，诊断为“面部、双手背部深2度烧伤，烧伤面积8%。”

原告贾国宇自1995年3月8日至4月29日共住院治疗52天，住院期间应支付治疗费12950.70元，经医嘱购置营养品费用为3809.48元，一年护理费为7051.5元，交通费4293.9元，残疾生活自助具费3559.35元，上述费用共计人民币31664.93元。

诉讼中法院委托国家技术监督局组成专家鉴定组对该事故原因进行技术鉴定。结论为：边炉石油气罐的爆炸不是由于气罐选材不当或制造工艺不良引起的，边炉石油气罐的爆炸是由于气罐不具备盛装边炉石油气的承压能力引起，事故罐的内压较高，主要是由于罐中的甲烷、乙烷、丙烷等的含量较高，气罐内饱和蒸气压高于气罐的耐压强度是酿成这次事故的原因。灌装后的边炉石油气的混合气达0.95MPA和0.98MBA(15℃和23℃),"白旋风"牌边炉石油气罐不具备盛装上述成分石油气的能力。卡式炉仓内存在一个小火是酿成事故的不可缺少的诱因,卡式炉仓内存在小火是由于边炉气罐与炉具连接部位漏气而形成的。经国家燃气用具质量监督检验中心对YSQ-A"众乐"牌卡式炉进行测试,该产品存在漏气的可能性,如果安装不对,漏气的可能性更大。

经北京市法庭科学技术鉴定研究所鉴定:原告贾国宇损伤为面部、双手烧伤,经治疗目前伤情已稳定,遗留面部及双手牌状疤痕,对其容貌有较为明显的影响。贾国宇目前劳动能力部分受限,丧失率为30%。

经中国人民解放军第304医院证明,原告贾国宇今后面部及手部可行药物及皮肤美容护理治疗,费用约5万元至6万元。必要时可再行手术治疗,费用约1万元。但治疗后仍遗留部分瘢痕难以消除。

被告气雾剂公司生产的"白旋风"牌边炉石油气气罐罐体表面英文标注为WARNING EXTREMELY FLAMMABLE CONTAINS LIQUEFIED BUTANE GASUNDER PRESSURE(瓶内装有极易燃烧的液态丁烷气);MEVER REFILL GAS INTO EMPTY CAN (用完后绝不能再次充装);中文标注为"本罐用完后无损坏,可再次充装"。

现没有证据证明被告春海餐厅提供服务与事故发生有因果关系。

诉讼期间,支付国家技术监督局专家鉴定组技术鉴定费5万元,北京市法庭科学技术鉴定研究所鉴定费560元,中国人民解放军第304医院今后医疗评估费35元,中国医学科学院整形外科医院会诊费70元。

北京市海淀区人民法院审理认为:

保证产品质量,特别是保障消费者人身财产安全是产品生产者必须履行的基本法律责任和义务。因产品质量问题造成的侵权损害结果,应依照《中华人民共和国产品质量法》第32条和《中华人民共和国消费者权益保护法》第41条的规定,予以赔偿,以维护社会公平与市场秩序。本案鉴定意见经庭审质证,结论已经明确:被告气雾剂公司生产的"白旋风"牌边炉石油气气罐没有根据气罐承压能力科学安全地按比例成分装填气体,充装使用方法的中英文标注不一致,内容互相矛盾,属于不合格产品,上述质量问题是造成此次事故的基本原因,气雾剂公司无可推卸地应当承担相当于70%的责任;"'众乐'牌卡式炉燃气瓶与炉具连接部位存在漏气可能",使用时安装不慎漏气的可能性更大,存在危及人身、财产安全的不合理危险，且不符合坚固耐用不漏气的行业生产标准，质量存在缺陷。在炉内存有小火酿成事故的因果关系中，漏气环节是一个不可或缺的过错诱因，因此被告厨房用具厂也负有30%的责任。现没有证据证明被告春海餐厅提供服务存在过错，原告贾国宇要求该餐厅赔偿损失缺乏事实依据，本院不予支持。

依照《中华人民共和国民法通则》第119条"侵害公民身体造成伤害的，应当赔偿医疗费、因误工减少的收入、残废者生活补助费等费用"的规定，人身损害赔偿应当按照实际损失确定。根据民法通则第119条规定的原则和司法实践掌握的标准，实际损失除物质方面外，也包括精神损失，即实际存在的无形的精神压力与痛苦。本案原告贾国宇在事故发生时尚未成年，身心发育正常，烧伤造成的片状疤痕对其容貌产生了明显影响，并使之劳动能力部分受限，严重地妨碍了她的学习、生活和健康，除肉体痛苦外，无可置疑地给其精神造成了伴随终身的遗憾与伤痛，必须给予抚慰与补偿。赔偿额度要考虑当前社会普遍生活水准、侵害人主观动机和过错程度及其偿付能力等因素。丧失的部分劳动能力应当根据丧失比率，参照当地人均生活费标准，按社会平均寿命年限合理计赔。本着便于治疗和保障生活的原则，赔偿应一次性解决，包括医药费（含今后医药费）、护理费、营养费、因停学购买的学习用品费、残疾生活自助具购置费、生活补助费和精神损害赔偿金等。贾国宇要求赔偿的额度，其中736293.8元缺乏事实与法律依据，特别是精神损害赔偿65万元的诉讼请求明显过高，其过高部分不予支持。

本案所付鉴定费用，应由被告气雾剂公司、厨房用具厂按各自所负责任比例分担。

生产者基于其社会角色和分工应对其自身提供的产品负责，产品质量应当合格，不存在危及人身、财产安全的不合理的危险，有保障人体健康和人身、财产安全的国家标准、行业标准的，应当符合该标准。因产品存在缺陷造成人身、他人财产损害的，受害人可以向产品的生产者要求赔偿。本案是我国产品责任领域的经典案例之一，在司法实践方面也首开10万元的精神损害赔偿——残疾赔偿金之先河。产品生产者应切实加强对产品质量的监督管理，提高产品质量水平，依法承担产品质量责任，从而实现保护消费者的合法权益，维护社会经济秩序的立法目的。

▶案例2:新余新钢特殊钢有限责任公司等与湖南地大钎具钢管股份有限公司产品生产者责任纠纷上诉案 > > >

【案情简介】

上诉人:新余新钢特殊钢有限责任公司。

法定代表人:唐飞来,该公司董事长。

上诉人:新余钢铁集团有限公司。

法定代表人:熊小星,该公司董事长。

被上诉人:湖南地大钎具钢管股份有限公司(原衡阳市恒通钢管有限公司)。

法定代表人:邓龙,该公司董事长。

上诉人新余新钢特殊钢有限责任公司(以下简称新余公司)、新余钢铁集团有限公司(以下简称集团公司)因与被上诉人湖南地大钎具钢管股份有限公司(以下简称地大公司)产品生产者责任纠纷一案,不服湖南省衡阳市珠晖区人民法院作出的〔2012〕珠民二重字第3号,向本院提起上诉。

2008年地大公司因生产需要陆续向新余公司购买了管坯241.72吨,用于加工生产无缝钢管。2008年10月31日,衡阳市质量技术监督局在检查中要求地大公司提供新余公司生产压力管坯的特种设备制造许可证,因地大公司无法提供该证,衡阳市质量技术监督局遂于同日封存了地大公司从新余公司处购进的部分钢坯及压力管(其中钢坯12吨,压力管45吨)。此后,因地大公司未能及时从新余公司处获得相关特种许可证,衡阳市质量技术监督局于2008年11月5日对地大公司下达了"质量技术监督责令改正(更正)通知书",该通知书要求地大公司在2008年12月5日前作如下改正:(1)在生产过程中不得使用已购进新余公司生产的压力管坯生产;(2)已生产入库的压力管暂停销售;(3)在生产过程中,使用无证产品原料生产的半成品压力管,停止生产。地大公司在接到该通知后,多次与新余公司商谈,但新余公司未能及时派员处理并且未向地大公司提供相应的特种许可证。地大公司因此无法继续融资扩大生产,并因此无法履行与他人订立的合同而被迫停产。2009年5月12日,地大公司再次向新余公司去函要求新余公司派员来衡协助处理产品被查扣一事,新余公司于次日复函称"……2009年3月11日,我公司管坯产品取得江西省质量技术监督局颁发的《特种设备制造许可证》,关于我公司没有及时转换特种设备制造许可证，是因为当时没有获得国家质量技术监督部门相关信息，以致造成我公司未能按时转换为特种设备制造许可证，但根据国家质量监督检验检疫总局颁布的《压力管道元件制造许可规则》等相关文件通知，压力管道元件原全国工业产品许可证在转换为特种设备制造许可证前，有效期不变……因此我公司销售的管坯产品是在许可证有效期内生产的……"。2011 年 6 月 13 日地大公司向珠晖区法院书面申请对其停产损失进行司法鉴定，同年 7 月 25 日该院依法向新余公司发出通知书，通知新余公司在接到通知后 10 日内，就选择鉴定机构等相关事宜与该院或者衡阳市中级人民法院联系，逾期视为放弃鉴定选择。新余公司在收到通知后未提出异议，并未派员联系选择鉴定机构。同年 12 月 2 日湖南中信高新有限责任会计师事务所衡阳分所作出湘中新衡〔2011〕会鉴字第 001 号司法鉴定意见书，鉴定意见为：自 2008 年 11 月 5 日至 2011 年 8 月 28 日止，地大公司因停产所造成的主要损失约为 7757109.38 元。包括：租金损失 1354090.68 元，基本容量费和高压固定线损费损失 793457.39 元，留厂值班人员工资损失 392028.45 元，固定资产折旧损失 4991464.49 元，差旅费损失 16471 元，欠款的资金利息为 209597.37 元。2012 年 1 月 13 日地大公司申请追加集团公司为本案被告，变更诉讼请求将原诉讼请求第三项停产损失变更为 7757109.38 元。同月 29 日新余公司、集团公司分别再次向该院提出管辖异议，同年 2 月 7 日该院以〔2011〕珠民二重字第 3 号民事裁定书，裁定：驳回新余公司、集团公司对本案管辖权提出的异议。同月 10 日新余公司、集团公司又分别就驳回管辖异议裁定向衡阳市中级人民法院提出上诉，同年 3 月 6 日衡阳市中级人民法院以〔2012〕衡中法立管终字第 8 号民事裁定书，裁定：驳回上诉，维持原裁定。另查明，2009 年 7 月 1 日，原衡阳市恒通钢管有限公司更名为湖南地大钎具钢管股份有限公司。

经审理，湖南省衡阳市珠晖区人民法院根据《中华人民共和国产品质量法》第 16 条、第 26 条、第 43 条、第 46 条规定判决如下：(1)新余新钢特殊钢有限责任公司退还湖南地大钎具钢管股份有限公司货款人民币 1297678.16 元；(2)新余新钢特殊钢有限责任公司赔偿湖南地大钎具钢管股份有限公司因停产造成的损失计人民币 7757109.38 元；(3)新余钢铁集团有限公司对上述款项承担连带赔偿责任。以上应支付款项共计人民币 9054787.54 元，限新余新钢特殊钢有限责任公司、新余钢铁集团有限公司在本判决生效之日起 15 日内支付给湖南地大钎具钢管股份有限公司，逾期按《中华人民共和国民事诉讼法》第 229 条之规定处理。本案诉讼费75183元,鉴定费60000元,合计135183元,由新余新钢特殊钢有限责任公司负担。

上诉人新余公司、集团公司不服上述民事判决,向本院提起上诉。

【基本问题】

(一)本案案由和级别管辖是否适当?

(二)诉争管坯是否涉嫌无证生产而存在不合理的危险?

(三)诉争管坯与地大公司的损失之间是否存在因果关系?

(四)新余公司应赔偿地大公司多少损失?

(五)集团公司是否应承担连带赔偿责任?

【讨论与分析】

(一) 本案案由和级别管辖是否适当

新余公司诉称:

本案案由应为买卖合同纠纷;应由新余公司所在地中级人民法院管辖。一审法院引用《中华人民共和国产品质量法》作出判决,系适用法律错误。

集团公司诉称:

一审案由错误导致管辖错误,同时案件标的明显超出一审法院级别管辖的范围。

衡阳市中级人民法院认为:

本案系产品生产者责任纠纷。本案存在侵权与违约的竞合,当事人有选择权,一审法院依当事人的诉请确认案由,定性准确。本案系本院指定一审法院审理,本案级别管辖合法。

(二)诉争管坯是否涉嫌无证生产而存在不合理的危险的问题

衡阳市珠晖区人民法院认为:

因新余公司提供的标的物属于特种设备,理应遵从国家关于特种设备安全生产的各种规定。故在地大公司购自新余公司的管坯被质监部门检查后要求提供《特种设备制造许可证》时,新余公司理应积极配合,提供相关许可证件。但新余公司至今仍不能提供其在供货给地大公司时已取得了生产压力管坯的《特种设备制造许可证》,从新余公司向该院提供的相关证据看,由于新余公司当时“没有获得国家质量技术监督部门相关信息,以致造成我公司未能按时转换为特种设备制造许可证”。新余公司未在国家质检总局规定的转换期限内转换,2008年生产仍以原“全国工业产品生产许可证(编号XK05 - 208 -

0000717)”为继续生产管坯的依据，但此种依据违反了国家质量监督检验检疫总局（以下简称国家质检总局）质检特函〔2007〕4号文件《关于贯彻有关问题的通知》的规定，该规定明确指出“考虑到这些项目制造单位的实际情况，在2007年12月31日前的过渡期内，这些项目的制造单位应积极准备并完成取证工作，2008年以后，持有压力管道制造、安装许可的企业不得将涉及这些产品项目未经许可的企业列入分包名单”。故新余公司当时应属无证生产。

新余公司诉称：

制造许可证合法有效，产品质量无任何问题。

衡阳市中级人民法院认为：

首先，从已经生效的湖南省衡阳市质量技术监督局作出的《登记保存决定书》《通知书》《责令改正通知书》等查处决定来看，地大公司从新余公司购买的压力管坯已被湖南省衡阳市质量技术监督局依法认定为涉嫌无证生产的产品，并以此作出了禁止使用涉案管坯进行生产、已生产的暂停销售的决定，且该查处决定至今仍然有效。其次，依据国家质量监督检验检疫总局“质检特函〔2007〕4号”《关于贯彻有关问题的通知》的第4条规定，“新纳入许可范围产品”（附件2，包括“各类管坯”）须在2007年12月31日前的过渡期内，积极准备并完成取证工作。故新余公司在2008年生产涉案管坯时未完成取证工作，涉嫌无证生产。新余公司辩称其已取得了《特种设备制造许可证》，经本院审查，其提供的《特种设备制造许可证》系2009年3月11日取得，涉案管坯是在2008年生产，新余公司在生产涉案管坯时是否满足特种设备制造许可要求的条件无法确定，故其主张不成立。再次，根据国务院第373号《特种设备安全监察条例》（修订前）和《中华人民共和国产品质量法》的有关规定，涉嫌无证生产而存在不合理的危险的产品应当由有权机关进行处理，对涉案产品如何处理，是否应当返还，不属于本案的审查范围，本院依法不予审查。故新余公司2008年生产的管坯涉嫌无证生产而存在不合理的危险，即其出售给地大公司的管坯存在缺陷，新余公司辩称其制造许可证合法有效，产品质量无任何问题，其已经履行了协助义务的上诉理由没有事实和法律依据，新余公司要求不予退还地大公司损失的货款的主张本院不予支持。

（三）诉争管坯与地大公司的损失之间是否存在因果关系

衡阳市珠晖区人民法院认为：

新余公司当时应属无证生产，其产品（管坯）销售给地大公司被质检部门封存后新余公司又不能积极协助地大公司处理，以致造成地大公司停产，对此，新余公司应负全部责任，因此给地大公司造成的损失新余公司理应赔偿。

新余公司诉称：

制造许可证合法有效，产品质量无任何问题，新余公司已经履行了协助义务，地大公司的损失与新余公司无关。

集团公司诉称：

一审认定停产损失，以及判决集团公司承担连带赔偿责任没有事实和法律依据。集团公司代所属子公司新余公司开具发票，是根据新余市国税局的要求为合并计税方便而代开的，但母子公司之间是互相独立经营，各自以独立财产对外承担民事责任。

衡阳市中级人民法院认为：

综合全案证据来看，地大公司主要从新余公司购进管坯而进行生产，新余公司生产的管坯因涉嫌无证生产而被质监部门查处，又因新余公司拒不协助地大公司整改，整改无法完成，导致地大公司所购管坯及其制品因涉嫌无证生产存在不合理的危险而被湖南省衡阳市质量技术监督局于 2008 年 11 月 5 日以《责令改正通知书》禁用和暂停销售，衡阳市商业银行因此于 2008 年 11 月 9 日向地大公司发出《回函》，以库存产品被扣押查封，存在不确定性为由，暂停了对地大公司追加贷款，并于 2009 年 7 月 21 日向地大公司发出《衡阳市商业银行珠晖支行催收逾期贷款本息通知书》进行催收。新余公司的缺陷产品给地大公司的生产和经营造成损害，产品销售不畅，收入减少，既无法继续融资扩大生产，又要维持正常的经营开支，还因无法履行与他人订立的合同而承担违约责任，生产难以为继，导致停产。考虑涉案管坯和以此管坯生产的压力管都是存在高度安全风险的特种设备，无论是质检部门的查处，还是产品销售不畅，都是因为涉嫌无证生产而存在的安全风险，对于把安全放在首位的高风险行业，很难会有压力管使用单位愿意从涉嫌销售存在安全风险的压力管并正在接受整改的地大公司购买产品，地大公司的停产损失应为《中华人民共和国产品质量法》第 44 条规定的“受害人因此遭受其他重大损失”的情形，新余公司应予相应赔偿。新余公司辩称地大公司可以改变进货渠道进行生产以减少损失。本院认为，地大公司虽一直积极与新余公司商谈，试图通过新余公司协助解除《责令改正通知书》的停止使用和暂停销售的处理决定，但其并未尝试改变进货渠道而恢复生产，且其提供的证据也不足以证明周边不存在这样可替代的管坯生产企业，因此，地大公司对损失的扩大存在一定过错，应适当减少新余公司的赔偿责任。故新余公司主张地大公司可以改变进货渠道进行生产以减少损失的上诉理由成立，本院予以支持。新余公司还辩称地大公司的损失系经营不善所致的行业性亏损。本院认为，资金链条薄弱是目前中小企业普遍存在的问题，不能因资金有限、抗打击能力弱而要求地大公司承担无力为继而停产的责任，新余公司在供货时是可以预见到地大公司使用缺陷管坯而可能造成的严重后果。故新余公司主张地大公司的损失系经营不善所致的行业性亏损的上诉理由不成立，本院不予支持。综上所述，新余公司生产、出售涉嫌无证生产的缺陷产品给地大公司与地大公司的停产之间存在因果关系，应相应承担由此给地大公司造成的损失。

（四）新余公司应赔偿地大公司多少损失

衡阳市珠晖区人民法院认为：

地大公司要求新余公司退回货款的诉讼请求应予支持。因新余公司不能提供相关许可证致使地大公司购进的管坯及使用该批管坯生产出的成品及半成品均被质监部门责令暂停生产、销售，是双方赔偿数额争议的焦点，此损失数额应以司法鉴定结果为准。

新余公司诉称：

地大公司没有依法采取合理措施防止损失的扩大，对由此造成的损失无权主张，应自负其责，并向法庭提交了5份证据：(1)江西洪都钢厂有限公司（原江西洪都钢厂）向湖南华菱湘潭钢铁有限公司采购管坯的订货合同及其发票、湖南华菱湘潭钢铁有限公司的《全国工业产品生产许可证》和《特种设备制造许可证》，以及江西洪都钢厂变更为江西洪都钢厂有限公司的资料；(2)江西洪都钢厂有限公司向石家庄钢铁有限责任公司采购管坯的订货合同及其发票，以及石家庄钢铁有限责任公司的《特种设备制造许可证》；(3)江西洪都钢厂有限公司向大冶特殊钢股份有限公司采购管坯的订货合同及其发票，以及大冶特殊钢股份有限公司的《特种设备制造许可证》；(4)江西洪都钢厂有限公司向南京钢铁有限公司采购管坯的订货合同及其发票；(5)江阴兴澄特种钢铁有限公司和无锡市雪浪钢铁集团有限公司的《特种设备制造许可证》。上述证据共同证明2008年及其以后，地大公司附近及周边有多家钢铁生产企业有钢坯生产资格和能力，其完全可以向其他企业采购钢坯，组织生产，避免损失扩大。

地大公司对新余公司提供的证据的真实性、合法性和关联性均提出异议。

集团公司对新余公司提供的证据均不持异议。

衡阳市中级人民法院认为：

新余公司提供的5份证据均不属于新的证据，且这5份证据均为复印件，无法核对其真实性，不予确认。

新余公司销售涉嫌无证生产而存在不合理的危险的产品给地大公司，既是侵权行为，也是违规行为，应负本案主要责任。

地大公司仅凭“中国特种设备检测研究院”官网上的查询信息就认为周边再无可替代的进货渠道，更在无任何依据的情况下认为自己被质检部门查处，再无任何人愿意购买其生产的压力管，从而放弃尝试改变进货渠道而恢复生产以减少损失，全力催促新余公司配合其整改以解除查处决定，对本案损失的扩大承担次要责任。

考虑地大公司在诉讼请求中对发生在鉴定以后（2011年8月28日至判决确定之日）的损失并未主张，本院对该部分损失不予审查。对于地大公司自2008年起向新余公司购买各类管坯共计241.72吨的事实，各方并无异议，各方争议的是地大公司因使用涉案管坯被查处而损失的货物的数额及价值，以及停产损失数额。本案地大公司被查处而损失的并非仅为管坯，还包括使用涉案管坯已生产的压力管的成品和半成品，新余公司返还的货款是地大公司损失的货款，而非仅为剩余管坯的价款。故新余公司辩称一审法院判决其返还的货款大于其出售给地大公司的剩余管坯的价值的上诉理由不成立。一审法院依地大公司的申请依法委托鉴定机构对本案的损失进行鉴定，该鉴定经一审庭审质证，一审判决确认，新余公司虽提出异议，但未申请重新鉴定，也未提出足以反驳的证据予以否认，委托鉴定的时间在二审发回重审裁定送达后，属于一审法院的审理期限内，一审法院依地大公司的申请委托有资质的鉴定机构作出鉴定，并已经履行了通知义务，新余公司在收到鉴定机构的有关鉴定材料后，未提出异议。一审鉴定程序合法，鉴定结论合法有效。故一审法院以鉴定结论为依据确定损失数额比较恰当。综合全案证据，应返还货款确定为1297678.16元并无不当；停产损失确定为7757109.38元也很客观，但判令由新余公司全部承担不当，未考虑地大公司在造成停产损失扩大中的次要作用，应当予以纠正。本院认为，综合考虑各方在造成本案损失中的作用大小，停产损失由新余公司承担5429976.57元，而由地大公司承担2327132.81元为宜。

（五）集团公司是否应承担连带赔偿责任

衡阳市珠晖区人民法院认为：

对集团公司提出的其与本案无关的抗辩，因集团公司作为出票人，与本案有直接的利益关系，同时其也未向法庭提供相应证据，故其是本案适格被告，对其抗辩理由，不予采纳。

集团公司诉称：

判决集团公司承担连带赔偿责任没有事实和法律依据。集团公司代所属子公司新余公司开具发票，是根据新余市国税局的要求为合并计税方便而代开的，但母子公司之间是互相独立经营，各自以独立财产对外承担民事责任的。

衡阳市中级人民法院认为：

对于集团公司代新余公司开具发票的事实，在一审庭审时，集团公司已经予以认可，在集团公司的上诉状中对这一事实也予以确认。集团公司主张其代所属子公司新余公司开具发票，是根据新余市国税局的要求为合并计税方便而代开的，但母子公司之间互相独立经营，各自以独立财产对外承担民事责任。根据《中华人民共和国发票管理办法》第 22 条和第 24 条的规定，严禁任何单位为他人代开、虚开增值税发票。因此，集团公司辩解其代新余公司开具发票是为计税方便的理由不能成立。集团公司与其所属子公司新余公司之间财务管理不规范，存在财产的混同。集团公司辩称其代开发票系新余市国税局要求，母子公司之间实为独立经营，但没有足够的证据予以证明，该理由不能成立。故集团公司要求驳回地大公司要求其承担连带赔偿责任的上诉请求没有事实和法律依据，本院不予支持。

当侵权责任与违约责任竞合时，法律赋予合同一方当事人选择权，由当事人根据自身状况和外部情势，自主判断，决定对自己最为有利的救济方式。对此，对方当事人无权抗辩，法院也处于被动地位，无权对当事人的请求选择作出变更。母公司与子公司依法独立承担民事责任，但一旦出现人格混同现象，将有可能是认定法人人格否认的重要事由。代开发票是违法行为，也是混同的重要表征之一。

DILIUZHANG

第六章

人民银行法

▶案例:上海颛林实业发展有限公司与中国人民银行上海分行行政处罚上诉案 > > >

【案情简介】[①]

上诉人(原审原告):上海颛林实业发展有限公司。

法定代表人:林金狮,董事长。

委托代理人:何静安,该公司工作人员。

被上诉人(原审被告):中国人民银行上海分行。

法定代表人:胡平西,行长。

委托代理人:虞磊珉,该行工作人员。

委托代理人:管敏正,上海虹桥正瀚律师事务所律师。

2007年8月22日,中国人民银行上海分行(以下简称:人行上海分行)收到上海颛林实业发展有限公司(以下简称:颛林公司)开户行中国建设银行上海颛桥支行的空头支票报告及编号为18206738的支票和特种转账凭证,认定颛林公司签发了金额为人民币50万元的空头支票。同年8月28日,人行上海分行向颛林公司发出了《行政处罚意见告知书》,明确告知颛林公司拟作出行政处罚决定的事实、理由、依据,以及颛林公司依法享有的陈述和申辩权利。颛林公司收到行政处罚意见告知书后未提出陈述和申辩。同年9月24日,人行上海分行针对颛林公司签发空头支票的违法行为,依据《中华人民共和国票据法》第87条、第88条,《票据管理实施办法》第31条的规定,作出了(沪银罚)罚字〔2007〕第040384号对颛林公司罚款人民币25000元的行政处罚决定,并向颛林公司邮寄送达处罚决定,颛林公司于同年10月1日收到该行政处罚决定书。

① 上海市第一中级人民法院行政判决书〔2008〕沪一中行终字第106号。

颛林公司不服,诉至上海市浦东新区人民法院。

〔2007〕沪一中民三(商)终字第540号民事判决,确认一辰公司于2007年8月22日所持的由颛林公司开具的三张支票为有效票据。

上海市浦东新区人民法院认为,《最高人民法院关于执行〈中华人民共和国行政诉讼法〉若干问题的解释》规定,行政机关在没有法律、法规或者规章规定的情况下,授权其内设机构、派出机构或其他组织行使行政职权的,应当视为委托。当事人不服提起诉讼的,应当以该行政机关为被告。《中华人民共和国中国人民银行法》规定,中国人民银行根据履行职责的需要设立分支机构,作为中国人民银行的派出机构。中国人民银行的分支机构根据中国人民银行的授权,维护本辖区的金融稳定,承办有关业务。《中国人民银行行政处罚程序规定》系中国人民银行于2001年发布的有效的部门规章,该规章规定,中国人民银行分支机构负责查处辖区内的其他单位和个人的违法行为。根据上述规定,人行上海分行作为中国人民银行的派出机构,经规章授权具有票据管理的职能,享有作出被诉行政处罚决定的法定职权。人行上海分行在收到颛林公司开户银行关于颛林公司签发空头支票的报告和特种转账凭证,经核实后,认定颛林公司具有签发空头支票的违法行为,并依据票据法第87条、第88条、《票据管理实施办法》第31条的规定,作出被诉行政处罚决定,人行上海分行认定事实清楚,证据确凿,适用法律正确。颛林公司要求听证的主张,不符合《中国人民银行行政处罚程序规定》的规定,不予采纳。人行上海分行在作出行政处罚前依法行使了行政处罚告知程序,程序合法。涉案空头支票已经生效民事判决认定为有效票据,故颛林公司关于涉讼空头支票系无效票据之主张不能成立。颛林公司签发三张空头支票是三次独立的出票违法行为,颛林公司要求将三次违法行为合并处罚的主张缺乏法律依据,不予采纳。综上所述,人行上海分行作出的行政处罚决定,应予维持。依据票据法第87条、第88条,《票据管理实施办法》第31条,《中华人民共和国行政诉讼法》第54条第1项之规定,判决维持人行上海分行作出的上述行政处罚决定。判决后,颛林公司不服,上诉于本院。

上诉人颛林公司诉称,其坚持原审诉称意见。被上诉人不具备本案行政处罚主体资格;上诉人与案外人一辰公司发生借贷关系,上诉人是在同一天将三张空白支票交给案外人一辰公司,一辰公司也是在同一天将三张空白支票交入银行而导致退票,三张支票所基于的上诉人与案外人的借贷关系是一个法律关系,被上诉人分别给予三次罚款处罚违反行政处罚法的相关规定;另根据《票据管理实施办法》第31条“签发空头支票或者签发与其预留的签章不符的支票，不以骗取财物为目的的，由中国人民银行处以票面金额5%但不低于1000元的罚款”之规定，进行行政处罚的罚款数额较大的标准在1000元及票面金额的5%之间，而被上诉人作出的行政处罚罚款数额为处罚上限，即票面金额的5%，显然行政处罚的罚款数额较大，故按照行政处罚法第42条的规定，上诉人享有要求听证的权利，但被上诉人未告知上诉人听证权利，行政处罚程序违法。原审判决错误，请求二审法院撤销原判；支持上诉人原审诉讼请求。

被上诉人人行上海分行辩称，其坚持原审辩称意见。被上诉人系作出被诉行政处罚决定的适格主体；根据违法行为的构成要件及票据无因性原则规定，上诉人三个签发空头支票行为构成了三个票据法律关系，各自满足签发空头支票违法行为构成要件，且三张支票都已经被法院生效判决确认为有效票据，被上诉人针对上诉人三个独立的签发行为分别作出三个行政处罚决定正确；根据《票据管理实施办法》第31条的规定，只要签发空头支票，罚款的标准就是票面金额的5%，但罚款最低不能低于1000元，而非上诉人理解的罚款幅度在1000元至票面金额的5%之间，而根据《中国人民银行行政处罚程序规定》规定，较大金额的罚款是指100万元以上的人民币罚款，本案罚款未达到100万元，不需要进行听证。原审判决正确，请求二审法院维持原判。

开庭审理中，被上诉人仍以一审时已向原审法院提供的职权、事实、法律和程序方面的证据和依据证明其对上诉人作出被诉行政处罚决定合法。

二审法院就上述证据进行了全面审查，并在庭审中听取了双方当事人的举证、质证意见。本院认为，原审判决就被上诉人提交证据所作的认证意见并无不当，本院予以确认，在此不再赘述。据此本院查明原审判决查明的事实基本无误。

二审法院认为，根据银行法第13条、《票据管理实施办法》第3条、《中国人民银行行政处罚程序规定》第6条的规定，被上诉人作为中国人民银行的分支机构依据法律授权具有作出本案被诉行政处罚决定的职责。票据法第87条规定，支票的出票人所签发的支票金额不得超过其付款时在付款人处实有的存款金额。出票人签发的支票金额超过其付款时在付款人处实有的存款金额的，为空头支票。禁止签发空头支票。《票据管理实施办法》第31条规定，签发空头支票或者签发与其预留的签章不符的支票，不以骗取财物为目的的，由中国人民银行处以票面金额5%但不低于1000元的罚款。根据被上诉人向原审法院提交的空头支票报告书、编号为18206738的支票和特种转账凭证，被上诉人认定上诉人具有签发空头支票违法行为的证据充分，被上诉人依据票据法第87条、《票据管理实施办法》第31条的规定对上诉人处以票面金额5%的罚款25000元适用法律并无不当；被上诉人在作出被诉行政处罚决定前对上诉人进行了行政处罚事先告知，将拟对上诉人作出的行政处罚决定所认定的事实、理由及依据告知了上诉人，并告知了上诉人依法享有的陈述和申辩的权利，被上诉人的执法程序亦无不当。

【基本问题】

本案经过一审、二审，其争议的焦点在于中国人民银行上海分行对上海颛林实业发展有限公司作出的行政处罚决定是否违法。具体包括：(一)中国人民银行上海分行是否具备本案行政处罚主体资格；(二)中国人民银行上海分行认定事实是否清楚；(三)中国人民银行上海分行适用法律及执法程序是否得当。

【讨论与分析】

(一)中国人民银行上海分行是否具备本案行政处罚主体资格

《中华人民共和国中国人民银行法》第13条规定，中国人民银行根据履行职责的需要设立分支机构，作为中国人民银行的派出机构。中国人民银行的分支机构根据中国人民银行的授权，维护本辖区的金融稳定，承办有关业务。《票据管理实施办法》第3条规定，中国人民银行是票据的管理部门。《中国人民银行行政处罚程序规定》第6条规定，中国人民银行分支机构负责查处辖区内的其他单位和个人的违法行为。根据上述规定，人行上海分行作为中国人民银行的派出机构，依据法律法规授权具有票据管理的职能，享有作出被诉行政处罚决定的法定职权。

(二)中国人民银行上海分行认定事实是否清楚

票据法第87条规定，支票的出票人所签发的支票金额不得超过其付款时在付款人处实有的存款金额。出票人签发的支票金额超过其付款时在付款人处实有的存款金额的，为空头支票。禁止签发空头支票。本案中，中国人民银行上海分行收到颛林公司开户行中国建设银行上海颛桥支行的空头支票报告及编号为18206738的支票和特种转账凭证，认定颛林公司签发了金额为人民币50万元的空头支票。经核实后，认定颛林公司具有签发空头支票的违法行为。而且颛林公司签发三张空头支票是三次独立的出票违法行为。尽管其主张与案外人一辰公司发生借贷关系，在同一天将三张空白支票交给案外人一辰公司，一辰公司也是在同一天将三张空白支票交入银行而导致退票，三张支票所基于的颛林公司与案外人的借贷关系是一个法律关系。但是根据票据违法行为的构成要件及票据无因性原则规定，颛林公司三个签发空头支票行为构成了三个票据法律关系，各自满足签发空头支票违法行为构成要件，且三张支票都已经被法院生效判决确认为有效票据。由此可知，中国人民银行上海分行认定颛林公司签发三张空头支票的事实清楚。

（三）中国人民银行上海分行适用法律及执法程序是否得当

《票据管理实施办法》第 31 条规定，签发空头支票或者签发与其预留的签章不符的支票，不以骗取财物为目的的，由中国人民银行处以票面金额 5% 但不低于 1000 元的罚款。此规定表明，只要签发空头支票，罚款的标准就是票面金额的 5%，但罚款最低不能低于 1000 元，而非颛林公司理解的罚款幅度在 1000 元至票面金额的 5% 之间。因此，对颛林公司处以票面金额 5% 的罚款 25000 元适用法律并无不当。

中国人民银行上海分行在作出行政处罚决定前对颛林公司进行了行政处罚事先告知，将拟对颛林公司作出的行政处罚决定所认定的事实、理由及依据告知了颛林公司，并告知了颛林公司依法享有的陈述和申辩的权利，中国人民银行上海分行的执法程序亦无不当。根据行政处罚法第 42 条规定，行政机关作出责令停产停业、吊销许可证或者执照、较大数额罚款等行政处罚决定之前，应当告知当事人有要求举行听证的权利；当事人要求听证的，行政机关应当组织听证。而《中国人民银行行政处罚程序规定》第 13 条规定，较大数额的罚款，包括：中国人民银行总行决定的 300 万元以上（含 300 万元）人民币罚款；中国人民银行分行、营业管理部决定的 100 万元以上（含 100 万元）人民币罚款；金融监管办事处、中国人民银行分行营业管理部、中国人民银行中心支行决定的 50 万元以上（含 50 万元）人民币罚款；中国人民银行支行决定的 10 万元以上（含 10 万元）人民币罚款。本案中，中国人民银行上海分行对颛林公司的罚款未达到 100 万元，不需要进行听证。故对于上诉人颛林公司关于其享有要求听证的权利，因被上诉人未告知致使行政处罚程序违法的主张，不予支持。

DIQIZHANG

第七章

商业银行法

▶案例1:海南发展银行与海南泛华高速公路股份有限公司、海南泛华实业有限公司借款合同纠纷案 > > >

【案情简介】[①]

申请再审人(一审原告、二审被上诉人):海南发展银行。[②] 住所地:海南省海口市滨海大道花园新村2号。

法定代表人:贾晓峰,该行清算组组长。

被申请人(一审被告、二审上诉人):海南泛华高速公路股份有限公司。住所地:海南省海口市金龙路百金城大厦。

委托代理人:刘笃寿,该公司总裁。

被申请人(一审被告、二审被上诉人):海南泛华实业有限公司。住所地:海南省海口市金贸区金龙路百金城。

法定代表人:王景师,该公司董事长。

1996年9月26日,海南发展银行(以下简称海发行)同海南泛华实业有限公司(以下简称泛华实业公司)签订借款合同,约定泛华实业公司向海发行借款4000万元,期限1年,从1996年9月26日至1997年9月26日,月利率为千分之九点四,按季结息,如国家调整利率仍以合同利率为准。逾期泛华实业公司未还本付息,自逾期之日至清偿之日,按日万分之四计息并收取日万分之二的违约金。泛华实业公司不按期付息时,海发行有权从泛华实业公司账户扣收,未扣足部分计入本金计算复利。同日,海发行同泛华实业公司、海南泛华高速公路股份有限公司(以下简称泛华股份公司)签订保证合同,约定泛华股份公司为海发行同泛华实

---

① 最高人民法院民事判决书〔2009〕民提字第99号。

② 海南发展银行在清算完毕并办理注销登记前其主体资格依然存续,原审判决将关闭海南发展银行清算组列为当事人不当,故调整为海南发展银行。

业公司的借款合同提供担保，担保金额为4000万元及其相应的利息、违约金、罚息、损害赔偿金及实现债权的费用，泛华股份公司承担连带保证责任。保证合同由三方法定代表人或法定代表人授权的代理人签字并加盖公章并自主合同生效之日起生效，至泛华实业公司和泛华股份公司履行债务后自动终止。同日，海发行信贷部开出签收单，载明：今收到泛华实业公司的海发行股权证40张（601—640，面值4000万股）。海发行收取了该股权证。签约当日，海发行向泛华实业公司发放了4000万元贷款。泛华实业公司至今未还本付息。另查明：泛华实业公司是泛华股份公司的股东。1997年海南省审计厅关于海南泛华股份公司财务收支的审计意见载明：据泛华股份公司长期投资账户反映，泛华股份公司投资海发行6000万股共计6000万元，但股权证的股东名为泛华实业公司。1996年10月泛华实业公司已将4000万股股权证作抵押向海发行贷款4000万元。

2003年6月6日海发行诉至海南省海口市中级人民法院，请求判决泛华实业公司偿还欠款本金4000万元及利息、罚息9988200元，泛华股份公司对以上债务承担连带清偿责任，泛华实业公司与泛华股份公司承担诉讼费用。

一审法院判决：(1)泛华实业公司10日内偿还海发行清算组4000万元及利息和罚息（自1996年9月26日至1997年9月26日，按月利率千分之九点二四计付；自1997年9月27日至清偿之日按中国人民银行规定的逾期贷款利息计付）；(2)泛华股份公司对泛华实业公司的上述债务承担赔偿责任，但以泛华实业公司不能清偿部分的二分之一为限。泛华股份公司承担赔偿责任后，有权向泛华实业公司追偿。案件受理费340617元，保全费260720元，合计601337元由泛华实业公司负担（均缓交至执行中优先扣划）。

泛华股份公司不服上述民事判决，向海南省高级人民法院提起上诉。

二审法院查明，泛华实业公司成立于1993年4月24日，经济性质为国有经济，主管部门为海南省海口供电劳动服务公司。法定代表人为副董事长、总经理王利民。1993年5月法定代表人变更为董事长王景师，总经理仍由王利民担任。泛华股份公司成立于1994年12月20日，经济性质为股份制。泛华实业公司为其第一发起人，泛华实业公司总经理王利民被选举为泛华股份公司董事局副主席，并被聘为泛华股份公司的总裁。海发行成立于1995年8月18日，于2004年3月31日被海南省工商行政管理局吊销企业法人营业执照。1995年，泛华实业公司认购海发行法人股6000万股，海发行向泛华实业公司交付了法人股权证60张，每张100万股，金额100万元。泛华实业公司总经理王利民因此被选举为海发行董事。1996 年 4 月 22 日,海发行向泛华实业公司支付 1995 年红利 4859862 元。1997 年 5 月 29 日,海南省审计厅琼审意三〔1997〕52 号审计意见书对泛华股份公司财务收支审计意见中指出:该公司长期投资账户反映,投资海发行 6000 万股,计人民币 6000 万元,但股权证的股东名为泛华实业公司。1996 年 10 月泛华实业公司已将 4000 万股股权证作抵押向海发行贷款 4000 万元。同时,海南省审计厅作出琼审决三〔1997〕52 号审计决定指出:4000 万股海发行股权证作为贷款抵押问题,你公司(泛华股份公司)应采取措施,于 1997 年 8 月 1 日前追回。关于投资海发行问题,应尽快办理股权转移手续,明确你公司权益并向泛华实业公司追回被侵占的投资收益 4859862 元。1997 年 7 月 8 日,泛华实业公司致函海发行董事会要求将泛华实业公司名下的 6000 万股变更为泛华股份公司所有,但海发行未变更。二审还查明:泛华股份公司章程第 71 条规定:"董事、总裁不得挪用公司资金或将公司资金借贷给他人,不得将公司资产为本公司的股东或者其他个人债务提供担保,不得利用在公司的地位和职权为自己或亲友谋取私利,收受贿赂或其他非法收入。"泛华股份公司 1994 年 12 月 20 日设立时,选举刘淀生(北京市公用局副局长)为董事长。1995 年 3 月 8 日,刘淀生致函泛华股份公司董事会称:根据北京市政府的规定,本人不能出任公司董事长和法人代表一职。并请公司尽快变更。2005 年 8 月 23 日,刘淀生又致函泛华股份公司刘廷俊总裁称:我从来未刻制或委托他人刻制我的个人名章用于海南泛华股份公司的经营活动。王利民因涉嫌职务侵占、挪用资金罪于 2000 年 3 月 10 日被海口市公安局逮捕,2001 年 7 月 21 日负案潜逃,现正在上网通缉。

二审法院认为泛华股份公司上诉主张借款合同无效、质押合同成立的理由,有事实和法律依据,予以支持。其上诉主张保证合同未生效、其不承担保证责任、一审判决超出了海发行的诉讼请求、本案应作为经济犯罪移送有关部门的理由,无事实及法律依据,不予采纳。海发行抗辩本案借款合同有效、质押合同未成立的主张,无事实与法律依据,不予采纳。一审判决认定部分事实不清,适用法律不当,应予以纠正。经该院审判委员会讨论决定,依照《中华人民共和国民事诉讼法》第 153 条第 1 款第(2)项、第(3)项、《中华人民共和国商业银行法》第 36 条、第 40 条,《最高人民法院关于适用〈中华人民共和国担保法〉若干问题的解释》第 8 条之规定,判决:(1)撤销海南省海口市中级人民法院(2003)海中法民二初字第 77 号民事判决;(2)泛华实业公司 10 日内返还海发行借款 4000 万元和占用期间孳息的 50%(孳息按中国人民银行同期 1 年期流动资金贷款利率计算,从1996年9月26日起至判决确定的还清之日止)。逾期履行按民事诉讼法第232条规定处理;(3)泛华股份公司对泛华实业公司所欠海发行债务不能清偿的部分承担5%的赔偿责任。泛华股份公司承担赔偿责任后,可向泛华实业公司追偿;(4)驳回海发行的其他诉讼请求。一审案件受理费、保全费合计601337元,由泛华实业公司负担60%即360802.2元;由海发行清算组负担40%即240534.8元。二审案件受理费340617元,由海发行负担95%即323586.2元;由泛华股份公司负担5%即17030.8元。

二审判决后,海发行向最高人民法院申请再审称,本案不存在向泛华实业公司发放贷款的条件优于其他借款人的事实。海发行在贷款前已进行了严格审查,借款人和保证人在贷款时间向海发行隐瞒了公司为股东担保的事实。商业银行法属于商业组织管理法,违反其规定,应由国务院银行业监督管理机构对金融机构进行处罚,而不是认定贷款合同无效。二审判决认定海发行同泛华实业公司签订的4000万借款合同无效没有事实和法律依据。泛华股份公司违反法律规定和公司章程,为其股东泛华实业公司的债务担保,具有主要过错。在主合同有效,担保合同无效,担保人有过错的情况下,根据担保法和担保法司法解释的有关规定,担保人应承担二分之一的赔偿责任,二审判决泛华股份公司象征性地承担5%赔偿责任,明显不当。海发行与泛华实业公司之间没有有关股权质押的意思表示。海发行和泛华实业公司及泛华股份公司三方之间没有签订质押合同,三方签订的借款合同、保证合同以及泛华股份公司向海发行出具的借款担保承诺书均无股权质押条款。泛华股份公司在一审阶段对信贷部出具的股权证收据的解释先说是股票回购和股票抵债,后才改为股票质押,前后说法不一。且仅从签收单内容看不出质押的意思表示。股权质押合同根本不成立。另外,股权证属泛华实业公司所有,泛华实业公司是海发行的合法股东,泛华股份公司无权主张股权质押问题。审计报告只能证明泛华实业公司购买股权证的资金来源于泛华股份公司而不能证明股权证属泛华股份公司。二审判决认定质押合同成立证据不足。请求撤销原审判决,依法改判海发行与泛华实业公司签订的借款合同有效,担保人泛华股份公司对借款债务承担二分之一的赔偿责任。

被申请人泛华股份公司答辩称,泛华实业公司不符合贷款资格,海发行没有尽到审查义务,该笔贷款不符合发放条件,海发行发放该笔贷款违反了银行法等法律规定,应属无效。泛华股份公司不具备担保条件,担保未经董事会决议,且系董事为公司股东提供担保,因此,主合同无效,担保合同也无效。海发行对合同无效应当负有主要过错。交付4000万元股票时，即被明确告知是为贷款质押，未签质押合同是因海发行不能以自己发行的股票设定质押。借款合同、担保合同和收股票时间及金额都一样，质押关系成立，应一并处理。海发行股票系泛华股份公司出钱以泛华实业公司名义代买，海南省审计厅认定上述股权系泛华股份公司所有，股票的处置权、所有权是泛华股份公司的。海发行怠于行使质押权造成该笔股票严重贬值，应当对此损失承担主要责任。质押物足以抵偿泛华股份公司应当承担的责任，剩余部分应退赔给泛华股份公司。

最高人民法院经审理认为，二审判决认定借款合同无效，于法无据。海发行与泛华实业公司签订的借款合同有效，予以支持。泛华实业公司应当依法偿还所借款项本息。海发行关于担保的申请再审理由成立，予以支持。泛华股份公司股权质押不予支持

【基本问题】

本案经过一审、二审和再审，其争议的焦点在于：(1)海发行与关系人泛华实业公司签订的借款合同是否有效；(2)泛华股份公司为其股东泛华实业公司提供借款担保是否有效；(3)海发行签收泛华实业公司占有的海发行法人股股权的行为是否形成质押法律关系。

【讨论与分析】

(一)海发行与关系人泛华实业公司签订的借款合同是否有效

商业银行办理贷款业务，须与借款人订立借款合同。合同要生效要求当事人要具备缔约能力、意思表示真实、内容不违反法律和社会公共利益。

《中华人民共和国商业银行法》第40条规定："商业银行不得向关系人发放信用贷款；向关系人发放担保贷款的条件不得优于其他借款人同类贷款的条件。前款所称关系人是指：(一)商业银行的董事、监事、管理人员、信贷业务人员及其近亲属；(二)前项所列人员投资或者担任高级管理职务的公司、企业和其他经济组织。"该法第36条规定："商业银行贷款，借款人应当提供担保。商业银行应当对保证人的偿还能力，抵押物、质物的权属和价值以及实现抵押权、质权的可行性进行严格审查。"案发时的国务院《借款合同条例》[①]第7条规定："借款方申请借款应具有中国人民银行规定的一定比例的自有资金，并有适销适用的物资和财产作贷款的保证。借款方无力偿还贷款时，贷款方有权要求依照法律程序处理借款方

① 根据《国务院关于废止2000年底以前发布的部分行政法规的决定》，该条例于2001年失效。

作为贷款保证的物资和财产。借款方不完全具备本条第一款规定的申请借款条件,但有特殊情况需要借款时,可以提出申请,但需有符合法定条件的保证人,经贷款方同意,并报经贷款方上级批准后,方可贷款。"这些规定均为对商业银行进行监管的管理性规定,并非判断民事行为效力的依据。本案中,泛华实业公司总经理王利民系海发行董事,泛华实业公司系海发行的关系人,海发行向泛华实业公司发放的4000万元贷款属于向关系人发放的担保贷款。尽管在泛华实业公司提供的保证人和股权证违反法律强制性规定的情况下,海发行仍向关系人发放贷款。海发行违反了《中华人民共和国商业银行法》《借款合同条例》的相关规定,应由国务院银行业监督管理机构对金融机构进行处罚,而不是认定贷款合同无效。

综上所述,海发行与泛华实业公司签订的借款合同系双方当事人的真实意思表示,主体适格,除逾期还款违约金的约定违反有关金融法规外,内容合法,故该合同应认定为有效。

(二)泛华股份公司为其股东泛华实业公司提供借款担保是否有效

商业银行贷款,借款人应当提供担保,可以采用保证、抵押或质押方式。根据2005年修正前的《中华人民共和国公司法》第60条规定:"董事、经理不得以公司财产为本公司股东或者其他个人债务提供担保。"《最高人民法院关于适用〈中华人民共和国担保法〉若干问题的解释》第4条规定:"董事、经理违反《中华人民共和国公司法》第六十条的规定,以公司资产为本公司的股东或者其他个人债务提供担保的,担保合同无效。"

本案中,泛华实业公司作为泛华股份公司的股东,由泛华股份公司为其提供担保,违反了法律的规定,尽管泛华股份公司同海发行、泛华实业公司已经签订了书面保证合同,也应认定为无效。而且泛华股份公司章程第71条规定:"董事、总裁不得挪用公司资金或将公司资金借贷给他人,不得将公司资产为本公司的股东或者其他个人债务提供担保,不得利用在公司的地位和职权为自己或亲友谋取私利,收受贿赂或其他非法收入。"泛华股份公司总裁王利民明知公司章程禁止为股东债务担保,但擅自使用公司公章和私刻的公司法定代表人的私章,为其任总经理的泛华实业公司担保,违反法律规定和公司章程,其行为无效。对于该担保合同的无效,海发行和泛华股份公司均有过错。一方面,海发行对于泛华股份公司不具备担保条件,没有尽到审查义务;另一方面,泛华股份公司违反法律规定,为其股东泛华实业公司的债务担保,具有过错。根据《最高人民法院关于适用〈中华人民共和国担保法〉若干问题的解释》第7条规定,主合同有效而担保合同无效,债权人无过错的,担保人与债务人对主合同债权人的经济损失,承担连带赔偿责任;债权人、担保人有过错的,担保人承担民事责任的部分,不应超过债务人不能清偿部分的二分之一。因此,泛华股份公司对海发行的损失承担责任的部分,不应超过泛华实业公司不能清偿的二分之一。

(三)海发行签收泛华实业公司占有的海发行法人股股权的行为是否形成质押法律关系

根据《中华人民共和国担保法》第78条第1款规定:"以依法可以转让的股票出质的,出质人与质权人应当订立书面合同,并向证券登记机构办理出质登记。质押合同自登记之日起生效。"本案中,泛华实业公司将其占有的海发行法人股股权证4000万股交与海发行信贷部,海发行信贷部开出签收单,载明:今收到泛华实业公司的海发行股权证40张(601—640,面值4000万股)。从签收单内容看不出质押的意思表示。而且海发行和泛华实业公司及泛华股份公司三方之间没有签订质押合同,三方签订的借款合同、保证合同以及泛华股份公司向海发行出具的借款担保承诺书均无股权质押条款。因此,海发行信贷部向泛华实业公司出具收据证明股权证的行为,尚不足以证明双方之间形成了质押法律关系。

另外,根据2005年修正前的《中华人民共和国公司法》第149条的规定,公司不得收购本公司的股票,不得接受本公司股票作为抵押权的标的。即使海发行与泛华实业公司之间存在有关股权质押的意思表示,因海发行接受了本公司的股权证违反了上述禁止性规定,亦属无效。

关于泛华股份公司主张股权质押问题,因股权证属于泛华实业公司所有,泛华实业公司是海发行的合法股东。海南省审计厅的审计报告只能证明泛华实业公司购买股权证的资金来源于泛华股份公司而不能证明股权证属泛华股份公司。现有证据也尚不足以证明泛华股份公司与海发行之间存在质押关系。

▶案例2:王永胜诉中国银行股份有限公司南京河西支行储蓄存款合同纠纷案 > > >

【案情简介】[①]

原告:王永胜,男,36岁,汉族,江苏天目建设集团有限公司经理。住所地:

① 《中华人民共和国最高人民法院公报》,2009年第2期。

南京市鼓楼区雅瑰园。

被告:中国银行股份有限公司南京河西支行。住所地:南京市鼓楼区草场门大街。

负责人:逄南宁,该支行行长。

原告王永胜因与被告中国银行股份有限公司南京河西支行(以下简称中行河西支行)发生储蓄存款合同纠纷,向江苏省南京市鼓楼区人民法院提起诉讼。

原告王永胜诉称:2007 年 10 月 9 日,原告在被告中行河西支行处申领中行借记卡一张,卡号为 6013821200011990595。2007 年 12 月 2 日晚,原告到中国银行(以下简称中行)下关热河南路分理处自助银行柜员机(ATM)上取款 5000 元,并查询存款余额为 463942.2 元。2007 年 12 月 5 日下午,原告在中行江宁分理处准备取款 10000 元时,被柜台营业员告知卡内余额为 2800 余元。当晚原告再次查询,发现卡内又少了 2000 元。原告当即向南京市公安局鼓楼分局(以下简称鼓楼公安分局)报案。经公安机关侦查,查明有 3 名男子在中行下关热河南路分理处自助银行的自动门上安装了存储式读卡装置,并在取款机上安装了探头,藉此获取了原告借记卡的密码及信息资料,然后复制两张伪卡在北京、江西等地取款或消费 463942.2 元。后犯罪分子之一、案外人汤海仁被公安机关抓获,并被南京市鼓楼区人民法院以〔2008〕鼓刑初字第 241 号刑事判决书认定犯信用卡诈骗罪,判处有期徒刑 10 年 6 个月,并处罚金人民币 100000 元,该刑事判决已发生法律效力。上述事件发生后,原告多次与中行南京下关支行(以下简称中行下关支行)交涉。2008 年 1 月 24 日原告与中行下关支行达成协议,由中行下关支行先行借给原告 232000 元用于发放部分农民工工资,待问题查明后再进一步解决。原告与被告之间存在储蓄存款合同关系,被告有义务保护原告的资金安全。由于被告对自助柜员机的安全管理存在漏洞,给犯罪分子留下可乘之机,导致原告卡内存款 463942.2 元被犯罪分子用伪造的借记卡取走或消费,对此原告并无过失。请求判令被告按照双方签订的储蓄存款合同支付原告存款 463942.2 元,以及上述款项自 2007 年 12 月 4 日至实际支付之日止的利息。

原告王永胜提供以下证据:

1. 南京市鼓楼区人民法院〔2008〕鼓刑初字第 241 号刑事判决书一份,用以证明犯罪分子汤海仁因犯信用卡诈骗罪,被依法判处有期徒刑 10 年 6 个月,并处罚金人民币 100000 元的事实;

2. 6013821200011990595 号借记卡交易清单一份,用以证明涉案借记卡账户交易情况；

3. 2008 年 1 月 24 日原告与中行下关支行达成的协议一份，用以证明中行下关支行先行借给原告 232000 元用于支付农民工工资的事实。

被告中行河西支行辩称：首先，南京市鼓楼区人民法院〔2008〕鼓刑初字第 241 号刑事判决书确认犯罪金额为 428709. 50 元，对在北京从涉案借记卡账户中分 14 笔支取的 35140 元未予认定，该 14 笔款项不排除原告王永胜自行支取的可能，被告只认可刑事判决所认定的犯罪金额。其次，原告借记卡内的资金短少是由于犯罪行为所致，对于犯罪行为给原告造成的资金损失，被告不应承担民事责任。被告在为原告提供服务的过程中严格遵守监管部门的相关规定，所设自助银行网点均有符合规范的安全防范设施，被告亦通过多种形式提醒储户妥善保管借记卡密码。原告借记卡账户内的存款被盗，是因原告没有妥善保管密码，原告自身具有过错。综上所述，请求法院在查明事实的基础上依法判决。

被告中行河西支行提交以下证据：

1. 南京市公安局 2007 年 12 月 24 日颁发的安全防范设施合格证一份，中行向储户公示的取款机操作指南、柜员机界面提示的内容，用以证明被告履行了保护储户存款安全的义务；

2. 借记卡业务登记表（附管理协议书及章程），用以证明原告王永胜办理借记卡的具体情况，以及被告已经合理提示“持卡人应妥善保管密码，因密码泄露而造成的风险及损失由持卡人本人承担”的事实；

3. 银行对账单、交易明细表各一份，用以证明涉案借记卡账户的交易情况；

4. 中行下关支行向人民法院出具的申请书一份，用以证明中行下关支行同意其出借给王永胜的 232000 元作为中行河西支行的出借款在本案中予以抵扣。

南京市鼓楼区人民法院依法调取了以下证据：

1. 鼓楼公安分局对案外人汤海仁、原告王永胜的询问笔录，用以证明汤海仁等人通过安装读卡器、具备摄像功能的 MP4 等方式，窃得原告涉案借记卡信息及密码后复制两张假卡提取或消费的事实；

2. 中行北京天缘公寓支行的交易明细表，用以证明卡号为 6013821200011990595 的借记卡于 2007 年 12 月 3 日 22 时 22 分 9 秒至 2007 年 12 月 4 日 0 时 33 分 53 秒期间在北京天缘公寓支行所管理的自助银行柜员机上 14 次取款 35000 元，发生异地取款手续费 140 元的事实。

南京市鼓楼区人民法院依法组织了质证。被告中行河西支行对原告王永胜提供的证据1、2、3的真实性均无异议,但认为上述证据均与被告应否承担民事责任没有关联性。原告对被告提供的证据1、2、3、4的真实性均无异议,但认为证据1、2不能证明中行提供的自助银行交易场所能够保障储户的资金安全。南京市鼓楼区人民法院经质证,对原告、被告提供证据的真实性均予以认定。

南京市鼓楼区人民法院经审理查明:2007年10月9日,原告王永胜在被告中行河西支行办理长城电子借记卡(以下简称借记卡)一张,卡号为6013821200011990595。该借记卡为无存折卡,王永胜在业务登记表中进行了签名,业务登记表背面附有管理协议书及借记卡章程,载有"持卡人应妥善保管密码,因密码泄露而造成的风险及损失由持卡人本人承担"的内容。2007年12月2日晚,案外人汤海仁等五人到中行热河南路支行的自助银行网点,在门口刷卡处安装读卡器,在柜员机上部安装了具备摄像功能的MP4。当日19时5分,原告王永胜持借记卡在该自助银行柜员机取款5000元。汤海仁等遂窃取到了原告借记卡的卡号、信息及密码,并据此复制两张假银行卡。2007年12月3日,汤海仁等三人持其中一张卡到南昌,其余两人持另一张卡到北京,分别实施信用卡诈骗犯罪行为。

2007年12月6日,王永胜发现其借记卡内存款短少后,即到中行下关支行打印交易明细并向鼓楼公安分局报案。鼓楼公安分局立案后,于2008年1月11日将案外人汤海仁抓获并于当天对其实施刑事拘留。2008年5月22日,南京市鼓楼区检察院以汤海仁犯信用卡诈骗罪向南京市鼓楼区人民法院提起公诉。法院经审理认定,2007年12月4日、5日,汤海仁等人以复制的银行卡在南昌、余干等地刷卡消费及取款合计428709.50元。据此,南京市鼓楼区人民法院于2008年6月5日作出〔2008〕鼓刑初字第241号刑事判决书,判决汤海仁犯信用卡诈骗罪,判处有期徒刑10年零6个月,并处罚金人民币100000元。该刑事判决已发生法律效力。

此外,中行河西支行提供的查询明细显示:卡号为6013821200011990595的借记卡于2007年12月3日在中行江宁大市口支行柜面被取款50000元,于当日19时58分在中行光华路自助银行柜员机被取款5000元。原告王永胜认可该两次取款均系其本人支取。南京市鼓楼区人民法院依法调取的2007年12月22日中行北京天缘公寓支行提供的交易明细显示:卡号为6013821200011990595的借记卡于2007年12月3日22时22分9秒至2007年12月4日0时33分53秒期间在该支行所管理的自助银行柜员机上 14 次取款 35000 元,发生异地取款手续费 140 元。上述 14 笔交易所涉 35140 元在〔2008〕鼓刑初字第 241 号刑事判决书中未被确认为案外人汤海仁的犯罪金额。

2008 年 1 月 24 日,原告王永胜与中行下关支行签订一份协议,约定:中行下关支行先借给原告 232000 元帮助原告解决发放农民工工资的问题,如原告对中行下关支行提起民事诉讼且法院判决中行下关支行对原告赔偿,则中行下关支行有权以协议项下对原告的债权进行抵偿。协议签订当日,中行下关支行即支付原告 232000 元。本案审理中,中行下关支行出具申请一份,同意其出借给原告的 232000 元作为被告中行河西支行的出借款在本案中予以抵扣。2008 年 3 月 12 日,原告以中行下关支行为被告向南京市下关区人民法院提起诉讼,同年 4 月 30 日,南京市下关区人民法院裁定该案中止审理,同年 6 月 5 日,南京市鼓楼区人民法院就信用卡诈骗案作出刑事判决。后原告考虑到诉讼主体资格的问题,向南京市下关区人民法院撤回起诉,并以中行河西支行为被告向南京市鼓楼区人民法院提起本案诉讼。

南京市鼓楼区人民法院依法主持了调解,因意见分歧较大,双方当事人未能达成调解合意。

南京市鼓楼区人民法院认为:原告王永胜在被告中行河西支行办理了无存折借记卡,即与中行河西支行建立了储蓄合同关系。根据储蓄合同的性质,中行河西支行负有按照原告的指示,将存款支付给原告或者原告指定的代理人,并保证原告借记卡内存款安全的义务。根据《中华人民共和国商业银行法》第 29 条第 1 款规定,银行应为办理交易的储户提供必要的安全、保密的环境。本案中被告对其自助银行柜员机疏于管理、维护,没有及时发现、拆除犯罪分子安装的读卡器及摄像装置,致使原告借记卡密码被犯罪分子所窃取。对于被告主张其与原告已经约定"持卡人应妥善保管密码,因密码泄露而造成的风险及损失由持卡人本人承担",应理解为在银行为持卡人提供了必要的安全、保密条件的情况下,完全由于持卡人自己的过失使借记卡遗失或密码失密造成的风险及损失,由持卡人本人自行承担。而本案中原告借记卡失密,是银行违反安全保密义务所致。此外,商业银行法第 33 条规定了商业银行的保证支付义务,而被告错误地将原告借记卡账户内的存款交付给假卡持有人,未适当完成自己的支付义务,故对被告主张原告借记卡内的资金短少是由于犯罪行为所致,被告不承担民事责任,不予支持。

【基本问题】

犯罪分子通过在自助银行网点门口刷卡处安装读卡器、在柜员机上部安装摄像装置的方式,窃取原告王永胜借记卡的卡号、信息及密码,复制假的银行卡,将借记卡账户内的钱款支取、消费的事实发生后,与原告建立储蓄存款合同的被告中行河西支行应否对前述被犯罪分子支取及消费的款项承担支付责任。具体包括:(1)被告中行河西支行是否尽到安全保障义务;(2)因密码泄露而造成的风险及损失是否由持卡人本人承担;(3)被告中行河西支行是否尽到审查义务;(4)对犯罪行为给原告造成的资金损失,被告是否承担民事责任。

【讨论与分析】

(一)被告中行河西支行是否尽到安全保障义务

原告王永胜在被告中行河西支行办理了无存折借记卡,即与中行河西支行建立了储蓄合同关系,该合同依法成立,合法有效,受法律保护。根据储蓄合同的性质,中行河西支行负有按照原告的指示,将存款支付给原告或者原告指定的代理人,并保证原告借记卡内存款安全的义务。

安全保障义务即在特定法律关系的当事人之间的一定限度的合理注意义务。商业银行法第6条规定:"商业银行应当保障存款人的合法权益不受任何单位和个人的侵犯。"商业银行法第29条第1款规定:"商业银行办理个人储蓄存款业务,应当遵循存款自愿、取款自由、存款有息、为存款人保密的原则。"可见,为存款人保密,保障存款人的合法权益不受任何单位和个人的侵犯,是商业银行的法定义务。商业银行的保密义务不仅是指银行对储户已经提供的个人信息保密,也包括为到银行办理交易的储户提供必要的安全、保密的环境。商业银行设置自助银行柜员机,是一项既能方便储户取款,又能提高自身工作效率并增加市场竞争力的重要举措,银行亦能从中获取经营收益。对自助银行柜员机进行日常维护、管理,为在自助银行柜员机办理交易的储户提供必要的安全、保密环境,也是银行安全保障义务的一项重要内容,这项义务应当由设置自助银行柜员机的银行承担。储户到自助银行柜员机取款时,只需尽到普通人的注意义务和管理义务,其有理由相信自助银行柜员机是安全的,储户没有义务也没有能力检查自助银行柜员机的安全与否。

本案中,案外人汤海仁等五人通过在中行热河南路支行自助银行网点门口刷卡处安装读卡器、在柜员机上部安装具有摄像功能的MP4的方式,窃取了王永胜借记卡的卡号、信息及密码,复制了假的银行卡,并从原告借记卡账户内支取、消费428709.50元。这说明，涉案中行热河南路支行自助银行柜员机存在重大安全漏洞。由于具备专业知识的银行工作人员对自助银行柜员机疏于管理、维护，未能及时检查、清理，没有及时发现、拆除犯罪分子安装的读卡器及摄像装置，致使自助银行柜员机反而成了隐藏犯罪分子作案工具的处所，给储户造成安全隐患，为犯罪留下可乘之机。综上所述，原告借记卡密码被犯罪分子所窃取，是银行未能履行其为储户提供必要的安全、保密环境的义务所致。

（二）因密码泄露而造成的风险及损失是否由持卡人本人承担

被告与原告王永胜在借记卡管理协议书及章程中已经约定"持卡人应妥善保管密码，因密码泄露而造成的风险及损失由持卡人本人承担"。对此条款当事人双方的理解发生分歧。被告中行河西支行认为，原告借记卡的存款被盗是因原告没有妥善保管密码所致，原告自身具有过错。因此，涉案借记卡的资金损失应由持卡人即原告本人承担。原告则认为自身没有过错，在中行河西支行不能提供安全保障的情况下造成的密码泄露，持卡人不承担责任。因为本条款属于格式条款，根据合同法的规定，对格式条款的理解发生争议的，应当按照通常理解予以解释；对格式条款有两种以上解释的，应当作出不利于提供格式条款一方的解释。对此法院认为，原告、被告双方在借记卡管理协议书及章程中的约定，应当是指在银行为持卡人提供了必要的安全、保密条件的情况下，完全由于持卡人自己的过失使借记卡遗失或密码失密造成的风险及损失，由持卡人本人自行承担。而本案中原告借记卡失密，是银行违反安全保密义务所致。储户大多缺乏专业知识，在使用自助柜员机进行交易时，难以辨别门禁识别装置是否正常，是否安装了其他不明识别器，也难以发现柜员机上方是否安装了非法摄像装置。银行无权单方面增加储户的义务。银行未对自助柜员机进行必要的维护，未能给储户提供安全、保密的环境，导致持卡人借记卡密码泄露，因此造成的损失不能由持卡人承担。

（三）被告中行河西支行是否尽到审查义务

在储蓄合同中，银行的主要义务是应存款人的要求支付本金和利息。银行在履行义务时，应当确认权利主张人是否存款本人，其所持有的银行卡等凭证是否真实有效。银行是否尽到审查义务，是确定其承担民事责任的重要因素之一。

银行卡等存款凭证是证明储蓄合同存在的有效要件，因此，银行在办理取款业务时，应当对银行卡等存款凭证的真实性进行审查，既包括对存款凭证外观真实性的审查,也包括对存款凭证所载内容的真实性审查。对于银行应尽到何种审查义务,法律没有明确规定。法院认为,银行卡等存款凭证既是确定储蓄合同的前提,也是银行履行付款义务的条件。银行作为存款凭证的发证机构,也是经营存贷储蓄业务的金融企业,掌握或应当掌握银行卡的制作技术和加密技术,具备识别真伪的技术能力和硬件设施,因此,银行对存款凭证的审查应当是实质性审查。银行的 ATM 机或柜台计算机系统代表银行进行交易,应视为银行的行为。本案中,银行在借记卡还在储户本人手中的情况下,未能准确识别被犯罪分子复制的假卡,没有尽到实质审查义务,最终导致储户借记卡账户内的资金被犯罪分子骗走,此责任应由银行来承担。

(四)对犯罪行为给原告造成的资金损失,被告是否承担民事责任

储户与银行建立储蓄合同关系后,双方当事人应按照合同的约定行使权利、履行义务。违约责任也称违反合同的民事责任,是指合同当事人因违反合同义务所承担的责任。①

被告中行河西支行认为,原告王永胜借记卡内的资金短少是由于犯罪行为所致,对犯罪行为给原告造成的资金损失,被告不应承担民事责任。对此法院认为,首先,信用卡诈骗罪是指以非法占有为目的,违反信用卡管理法规,利用信用卡进行诈骗活动,骗取数额较大的财物的行为。根据本案查明的事实,案外人汤海仁等人利用被告未尽保密义务、对自助柜员机疏于管理的安全漏洞,窃得原告借记卡的密码,而后使用复制的假卡进行支取和消费。银行未能准确地识别该复制的假卡,从而将原告借记卡账户中的存款错误地交付给假卡持有人。因此,在真借记卡尚由原告持有的情况下,汤海仁等人的行为并非直接侵害了原告的财产所有权,而是侵犯了银行的财产所有权。原告与被告建立的储蓄合同关系合法有效,双方的债权债务关系仍然存在。被告认为原告借记卡内的资金短少属于犯罪行为给原告造成的资金损失,被告不应承担民事责任的主张,没有事实根据和法律依据,不予支持。其次,商业银行法第 33 条规定:“商业银行应当保证存款本金和利息的支付,不得拖延、拒绝支付存款本金和利息。”该条规定了商业银行的保证支付义务,被告错误地将原告借记卡账户内的存款交付给假卡持有人,未适当完成自己的支付义务,故原告要求中行河西支行支付相应存款及相应利息的主张合法,应予以支持。

---

① 王利明:《合同法研究》(第 2 卷),北京:中国人民大学出版社 2003 年版,第 383 页。

DIBAZHANG

第八章

银行业监督管理法

▶案例:于建刚与中国银行业监督管理委员会上海监管局金融行政处罚上诉案 > > >

【案情简介】[1]

上诉人(原审原告):于建刚。

委托代理人:王国峰,上海市海欣律师事务所律师。

委托代理人:汪俊,上海市海欣律师事务所律师。

被上诉人(原审被告):中国银行业监督管理委员会上海监管局。

负责人:谈伟宪,该局副局长。

委托代理人:陈颖,该局工作人员。

委托代理人:徐静芬,该局工作人员。

2001 年 3 月上海市农村信用合作社联合社(以下简称:市农信联社)成立,于建刚任主任。其章程规定:市农信联社实行理事会领导下的主任负责制;市农信联社行使对社员社(即各区县农信联社)和农村信用社的业务经营、财务活动、劳动用工和社会保障及内部管理进行辅导和稽核,对社员社主要负责人的提名及对不称职的主要负责人的罢免提出建议等行业管理职能。

2001 年起,于建刚代表市农信联社与本市多家社员社分别签订了目标责任书,下达计划指标,对社员社的存贷比、存款额和利润增长数及增长幅度等都作了明确规定,并将该计划指标作为综合评价内容,纳入社员社领导班子的考核范围。

2001 年 12 月 10 日,中国人民银行下发了银发〔2001〕396 号《中国人民银行关于加强对农村信用社监管有关问题的通知》(以下简称:396 号文),其中明

① 上海市第一中级人民法院行政判决书〔2007〕沪一中行终字第 301 号。

确规定:“农村信用社今后不得再与证券公司、投资公司等机构进行委托债券投资活动。”中国人民银行上海分行于同年12月30日下发了上海银发〔2001〕834号《转发总行关于加强对农村信用社监管有关问题的通知》(以下简称:834号文),将396号文作为附件转发给其下属单位,并抄送市农信联社。2002年3月及2003年3月中国人民银行上海分行又分别下发监管意见,重申了396号文的精神,并要求市农信联社应“切实履行系统管理的职责”。

2002年7月,于建刚在市农信联社的工作报告中,要求各联社对债券投资实行事前报备制度,并“逐步形成一份券商准入名单”。同年9月,市农信联社在于建刚主持的主任办公会议上通过规范性文件,明确下属各信用社可以经营“通过证券公司分销和买卖在证券交易所公开发行的国债、国家重点性企业债券的业务”。此后,市农信联社又核准了农信南汇联社在爱建证券公司购买人民币1600万元债券的业务。

自2001年12月起,诈骗罪犯施晓刚等人联系其他单位将资金存入农信浦东、奉贤、南汇联社,并以高额回报为饵诱骗上述农信联社将资金存入广发证券公司,制造购买国债的假象实施诈骗,至案发时造成上述三家区县农信联社实际经济损失达6.64亿元。

2004年起,上海银监局在对本市14家区县农信联社进行债券投资现场检查中,发现各区县农信联社在396号文下发后的2002年1月起委托债券投资业务不减反增,至2004年3月,本市农信系统在证券交易所市场新增和续签债券投资额累计达280.64亿元。在此期间上海银监局对农信系统相关人员作了调查询问笔录,内容涉及市农信联社和于建刚本人在农信系统债券投资业务中存在的指导思想、管理方法及工作作风等问题。

2006年7月4日,上海银监局对于建刚问题进行立案调查。同年7月6日上海银监局召开行政处罚委员会案件审查会,对该案进行了集体审议。同年9月15日,上海银监局向于建刚送达了行政处罚事先告知书,在于建刚递交了申辩意见后,再次召开行政处罚委员会会议进行审议并形成了决议。2007年2月2日上海银监局作出沪银监罚字〔2007〕2号行政处罚决定,认定市农信联社在内控管理上存在严重疏漏,农信系统债券投资业务的内部管理与控制制度长期不健全,对监管要求执行监督不力;市农信联社下属三家农信联社在委托证券公司在证券市场从事债券投资业务过程中被诈骗损失6.64亿元;市农信联社负有行业管理职能,对全市农信系统承担“指导、管理、汇总、稽核、服务”的职责;于建刚时任市农信联社主要负责人,具有全面负责全系统管理工作的职责,对系统存在的内控制度建设不健全及由此造成的巨大损失和风险负有直接领导责任,故根据《全国人民代表大会常务委员会关于中国银行业监督管理委员会履行原由中国人民银行履行的监督管理职责的决定》(以下简称:《银监会监管职责决定》)《金融机构高级管理人员任职资格管理办法》(以下简称:《金融高管任职办法》)第 29 条第(3)项规定,对于建刚作出取消金融机构高级管理人员任职资格 10 年的行政处罚。该处罚决定书于同年 2 月 8 日向于建刚送达后,其向中国银行业监督管理委员会申请行政复议,该委员会复议决定予以维持。于建刚不服,以处罚决定认定事实不清、适用法律错误、处罚超过 2 年期限等为由,向上海市浦东新区人民法院起诉,请求撤销上海银监局作出沪银监罚字〔2007〕2 号行政处罚决定的行政行为。

上海市浦东新区人民法院认为,上海银监局具有作出取消金融机构高级管理人员任职资格行政行为的法定职权。上海银监局提供的证据可以证明于建刚作为时任的市农信联社主任,应当承担对下属社员社进行行业管理的职责,且其收到了规定农村信用社不得进行委托债券投资活动内容的 396 号文。上海银监局认定于建刚违反银行业监督管理规定并致重大损失的事实清楚,适用法律法规并无不当,且其于 2004 年 3 月发现于建刚在管理中存在的问题并深入调查后于 2006 年立案,经事先告知、审核申辩意见后,作出处罚决定,程序合法。故根据《银监会监管职责决定》《中华人民共和国银行业监督管理法》(以下简称银监法)第 48 条、《中华人民共和国行政诉讼法》第 54 条第(1)项规定,判决维持上海银监局作出的沪银监罚字〔2007〕2 号行政处罚决定。

于建刚不服,向上海市第一中级人民法院提起上诉。

上诉人于建刚诉称:原判认定事实不清,上诉人作为市农信联社主任并未收到过 834 号文和 396 号文,且市农信联社作为 834 号文的抄送对象也无义务向各区县农信联社再转发 396 号文;被上诉人并无证据证明市农信联社及上诉人对各区县联社的行业管理关系为领导与被领导关系,以及上诉人应对三家区县联社因债券投资被骗负直接领导责任;中国人民银行上海分行作出的上海银发〔2003〕252 号《关于对上海市长宁区农联社债券投资检查的稽核检查意见》等文件能够证明央行对农信系统债券投资是认可的,被上诉人掌握该证据但拒绝提供,应依法推定上诉人的该主张成立;被诉处罚决定书未提及银监法和《中华人民共和国行政处罚法》,被上诉人在诉讼中提供该法且原审判决将其确认为法律依据属违法；被上诉人不能证明其在行政处罚法规定的二年期限内发现上诉人确实存在违法行为，故其处罚违反法定程序，请求二审法院撤销原判和被诉的行政处罚决定。

被上诉人上海银监局辩称：有关机关组成的联合调查组在调查中形成的联合调查记录以及市农信联社的资料收文记录均表明市农信联社收到834号文及所附的396号文；834号文及396号文系针对农信系统债券投资业务下达的规范性要求，作为市农信联社主任的上诉人于建刚应在系统内传达贯彻并监督执行；市农信联社履行对下属社员社的行业管理职能，上诉人作为主要负责人，应对系统存在的内控制度不健全、对监管要求执行监督不力及由此造成巨大损失和风险承担直接的领导职责；上诉人所称人民银行上海分行2004年的稽查报告并不为被上诉人所掌握，从上诉人提供的该报告内容来看，也与396号文并不矛盾，不能证明上级监管部门对农信系统违规进行债券投资业务的认可；根据行政处罚法第4条，处罚决定书上载明的行政处罚的依据，是指对违法行为给予处罚而直接适用的法律规定，并非执法主体和处罚程序等的依据，故被上诉人以《银监会监管职责决定》和《金融高管任职办法》相关规定作出行政处罚适用法律正确；上诉人的违法行为发生于2002年至2004年3月，被上诉人于2004年4月起对本市农信系统债券投资业务开展现场检查并发现了市农信联社及上诉人在管理上存在的问题，经调查取证后于2006年正式立案并最终作出处罚决定，并不违反行政处罚法关于行政处罚期限的规定，故请求二审法院维持原审判决。

上海市第一中级人民法院审理中，被上诉人上海银监局仍以原审时提供的事实证据与法律依据，证明其作出的被诉行政处罚决定合法。双方当事人亦坚持各自在原审中对对方证据、依据所提出的质证意见。本院在听取双方当事人举证、质证意见的基础上，对被诉的行政处罚决定职权依据、事实依据、法律依据和执法程序方面进行了全面的合法性审查，并确认以上事实。

上海市第一中级人民法院认为，2003年4月26日通过的《银监会监管职责决定》明确由中国银行业监督管理委员会履行原由中国人民银行履行的审批、监督管理银行等金融机构的职责及相关职责。据此，上海银监局根据由中国人民银行制定的《金融高管任职办法》的相关规定，具有对金融机构高级管理人员作出取消其高级管理人员任职资格决定的行政职权。

根据农村信用社联合社的相关管理规定及市农信联社章程，市农信联社主任全面负责市农信联社的各项管理工作，市农信联社的主要职责是对下属社员社进行行业管理，因此，作为市农信联社主要负责人的上诉人于建刚，对于市农信联社内控管理上存在严重疏漏，社员社违规进行债券投资被诈骗巨额财产负有直接的领导责任。被诉的行政处罚决定对此认定的事实属实，有相应的证据证明，可予确认。现有证据充分证明市农信联社及上诉人收到了上级监管部门关于加强债券投资监管的834号文和396号文，上诉人对此予以否认，且认为其无义务向下级社员社转发并贯彻执行上述文件的监管要求，并进而认为市农信联社及上诉人本人不应对本市农信系统的管理问题和下级社员社的损失承担责任的上诉理由，与行业管理相关规定、市农信联社章程及本市农信系统行业管理的实际状况不符，本院难以支持。

上诉人于建刚称上级监管部门的稽查报告认可农信系统的债券投资行为，但其于原审期间未举证证明被上诉人上海银监局确实掌握该稽查报告，故原审判决对其主张未予采信并无不当。况且上诉人于二审期间作为上述稽查报告文本而提供的上海银发〔2003〕252号文件中，也明确了“农信社的债券投资……一律停止在证券交易所进行证券回购和现券交易，禁止委托证券公司和其他机构进行债券投资”等监管意见，同时根据实际情况，要求农信系统“加大清收力度，最大限度地做好工作，在近期内抓紧收回投资资金……力争年底前全部退出交易所市场”等。故上诉人以此证明上级监管部门认可农信系统债券投资业务的主张亦明显不能成立。

根据行政处罚法第8条、银监法第48条、《金融高管任职办法》第29条规定，被上诉人上海银监局根据查明的事实，认定上诉人于建刚应对本市农信系统债券投资业务中产生的问题及造成的严重损失及风险承担直接领导责任，对上诉人作出取消金融高管任职资格的行政处罚，适用法律正确。上诉人一方面认为《金融高管任职办法》中取消金融高管任职资格的处罚没有上位法律法规的依据，另一方面又对被上诉人在诉讼中提供银监法和行政处罚法以进一步支撑其法律依据提出异议，该上诉理由明显不能成立，原审判决对此已予阐明，本院不再赘述。

根据行政处罚法第29条、《中国银行业监督管理委员会行政处罚办法》第18条第3款规定，上诉人于建刚于2004年7月被免去市农信联社主任之职，而至2004年3月止，本市农信系统在证券交易所市场新增和续签的国债投资额累计达280.64亿元。被上诉人上海银监局在2004年起即对本市农村信用合作社系统进行国债投资现场检查，先后形成了《现场检查的事实与评价》《现场检查意见》等文件，明确了在证交所市场从事国债投资业务属违规行为并保留对相关责任人作出行政处罚的权利。发现于建刚在管理中存在的问题后深入开展有针对性的调查取证并于 2006 年立案，与上述行政处罚程序规定不悖。被上诉人在经行政处罚事先告知，听取了上诉人的申辩意见，召开专题会议进行了集体审议后，作出取消上诉人于建刚金融机构高级管理人员任职资格 10 年的行政处罚决定，执法程序合法。上诉人称应以被上诉人正式立案时间作为违法行为发现时间，并进而认为被上诉人的处罚已超过行政处罚法规定的处罚期限的上诉理由依据不足，本院难以采信。

【基本问题】

本案经过一审、二审，其争议的焦点在于上海银监局对市农信联社主任于建刚作出的行政处罚决定书是否存在认定事实不清楚，适用法律不当。具体包括：(1)市农信联社主任于建刚对本市农信系统的管理问题和下级社员社的损失是否承担直接领导责任；(2)上海银监局对市农信联社主任于建刚作出的行政处罚是否违法。

【讨论与分析】

(一)市农信联社主任于建刚对本市农信系统的管理问题和下级社员社的损失是否承担直接领导责任

根据农村信用社联合社的相关管理规定及市农信联社章程，市农信联社实行理事会领导下的主任负责制，即市农信联社主任全面负责市农信联社的各项管理工作，市农信联社的主要职责是对下属社员社进行行业管理，具体负责督促农村信用社贯彻执行国家金融方针政策、制定行业自律管理制度并督促执行等。而于建刚任市农信联社主任期间，与各区县社员社负责人签订盲目扩张业务规模的目标责任书，并将其作为综合评价内容，纳入社员社领导班子的考核范围。在收到中国人民银行下发的 396 号文和 834 号文后，作为市农信联社主任的于建刚不但没有将文件关于“农村信用社今后不得再与证券公司、投资公司等机构进行委托债券投资活动”的要求在系统内传达贯彻并监督执行，反而要求各联社对债券投资实行事前报备制度，逐步形成一份券商准入名单，并主持制定与上级监管要求不符的行业管理制度，明确下属各信用社可以经营“通过证券公司分销和买卖在证券交易所公开发行的国债、国家重点性企业债券的业务”，在上级监管部门发文明确要求加强监管的情况下，仍核准社员社从事违规的债券委托投资活动。因此,对于市农信联社内控管理上存在严重疏漏,农信系统债券投资业务的内部管理与控制制度长期不健全,以及监管要求执行监督不力,并已造成本市农信系统多家社员社被诈骗巨额财产等后果,作为市农信联社主要负责人的于建刚负有直接的领导责任。

(二)上海银监局对市农信联社主任于建刚作出的行政处罚是否违法

2003 年 4 月 26 日通过的《银监会监管职责决定》明确了由中国银行业监督管理委员会履行原由中国人民银行履行的审批、监督管理银行等金融机构的职责及相关职责。据此,上海银监局根据由中国人民银行制定的《金融高管任职办法》的相关规定,具有对金融机构高级管理人员作出取消其高级管理人员任职资格决定的行政职权。

根据行政处罚法第 8 条规定,法律、行政法规可以规定行政处罚的种类。银监法第 48 条第 3 项明确了银行业监督管理机构取消金融机构高级管理人员任职资格的规定。同时,《金融高管任职办法》第 29 条规定:“对出现下列情形之一负有个人责任或直接领导责任的金融机构高级管理人员,中国人民银行可根据情节轻重及后果,取消 1 至 10 年(包括 1 年)直至终身的任职资格……(三)金融机构内部管理与控制制度长期不健全或执行监督不力,造成重大资产损失,或导致发生重大金融犯罪案件。”因此上海银监局根据查明的事实,认定上诉人于建刚应对本市农信系统债券投资业务中产生的问题及造成的严重损失及风险承担直接领导责任,并根据《金融高管任职办法》的上述直接规定,对于建刚作出取消金融高管任职资格的行政处罚,适用法律正确。

行政处罚法第 29 条规定:“违法行为在二年内未被发现的,不再给予行政处罚。法律另有规定的除外。前款规定的期限,从违法行为发生之日起计算;违法行为有连续或者继续状态的,从行为终了之日起计算。”2004 年的《中国银行业监督管理委员会行政处罚办法》第 18 条第 3 款规定:“银监会及其派出机构在现场检查过程中,发现涉嫌违法行为的,监督检查部门可以先调查取证,再予以立案。”本案中,于建刚于 2004 年 7 月被免去市农信联社主任之职,而至 2004 年 3 月止,本市农信系统在证券交易所市场新增和续签的债券投资额累计达到 280.64 亿元。上海银监局在 2004 年起即对本市 14 家区县农信联社的债券投资进行现场检查,并先后形成了《现场检查的事实与评价》《现场检查意见》等文件,明确了在证交所市场从事国债投资业务属违规行为并保留对相关责任人作出行政处罚的权利。同时,在发现市农信联社及市农信联社主任于建刚在管理本市农信系统债券投资业务中存在问题、涉嫌金融违法行为后，即深入开展有针对性的调查取证，随后于2006年正式对于建刚立案，与上述行政处罚程序规定不悖。上海银监局在经行政处罚事先告知，听取了上诉人的申辩意见，召开专题会议进行了集体审议后，作出取消上诉人于建刚金融机构高级管理人员任职资格十年的行政处罚决定，执法程序合法。

DIJIUZHANG

第九章

证券法

▶案例:陈丽华等23名投资人诉大庆联谊公司、申银证券公司虚假陈述侵权赔偿纠纷案 > > >

【案情简介】①

原告:陈丽华等23名投资人(名单略)。

被告:大庆联谊石化股份有限公司。住所地:黑龙江省大庆市。

法定代表人:李秀军,该公司董事长。

被告:申银万国证券股份有限公司。住所地:上海市常熟路。

法定代表人:王明权,该公司董事长。

原告陈丽华等23名投资人因认为被告大庆联谊石化股份有限公司(以下简称大庆联谊公司)、被告申银万国证券股份有限公司(以下简称申银证券公司)的虚假陈述行为给其投资股票造成了损失,侵犯其民事权益,向黑龙江省哈尔滨市中级人民法院提起诉讼。

原告诉称:被告大庆联谊公司和被告申银证券公司在证券市场实施虚假陈述行为,已经受到中国证券监督管理委员会(以下简称中国证监会)的处罚。这不仅有中国证监会的处罚决定证实,大庆联谊公司1999年4月21日发布的董事会公告中也承认。二被告的虚假陈述行为使原告在投资大庆联谊公司股票中遭受了损失,应当对给原告造成的损失承担赔偿责任。请求判令大庆联谊公司给原告赔偿经济损失960063.15元,申银证券公司对此承担连带赔偿责任;由二被告负担本案诉讼费和诉讼成本费。

原告提交以下证据:

1. 身份证明,用以证明23名原告的诉讼主体资格合法;

① 《中华人民共和国最高人民法院公报》,2005年第11期。

2. 1997年4月26日《中国证券报》上刊登的大庆联谊公司《招股说明书》、1997年5月20日《证券时报》上刊登的大庆联谊公司《上市公告》、1998年3月23日《中国证券报》上刊登的大庆联谊公司《1997年年报》,用以证明虚假陈述事实;

3. 2000年3月31日中国证监会所作的证监罚字〔2000〕年第15号、第16号《处罚决定书》,1999年4月20日、1999年11月26日和2000年4月26日大庆联谊公司发布的三次董事会公告,用以证明行政主管部门已经对二被告的虚假陈述行为进行了处罚,大庆联谊公司对其虚假陈述的事实不予否认;

4. 上海证券登记结算公司黄浦代办处出具的股票交易记录单、关于原告经济损失计算方法的综合说明、经济损失计算表,用以证明原告方的经济损失以及该损失的计算方法;

5. 对邮寄费、查询费、差旅费、通讯费、材料费、诉讼费、人工费以及其他杂费等费用的计算表,用以证明原告方主张的诉讼成本。

被告大庆联谊公司辩称:

1. 本案所涉虚假陈述行为,是大庆联谊公司石化总厂(以下简称联谊石化总厂)以大庆联谊公司名义实施的;大庆联谊公司是在1998年5月6日才依法取得法人资格和营业执照,不应对此前联谊石化总厂实施的违法行为承担民事责任。

2. 中国证监会的处罚决定是于2000年4月27日公布的,也就是说,2000年4月27日是大庆联谊公司虚假陈述行为的揭露日。1999年4月20日大庆联谊公司的董事会公告,仅是对投资者进行风险提示。原告方将这个日期作为大庆联谊公司虚假陈述行为的揭露日,不符合法律规定。

3. 原告方投资大庆联谊公司股票的交易损失,主要是受系统风险及影响股价走势的多种因素所致,与大庆联谊公司被揭露的虚假陈述行为没有显而易见的因果关系。

4. 原告既然主张其于1999年4月21日从大庆联谊公司董事会公告中知道了虚假陈述行为的存在,其提起本案侵权之诉时,就超过了法律规定的两年诉讼时效期间,其诉讼请求不应得到支持。应当驳回原告的诉讼请求。

被告大庆联谊公司提交以下证据:

1. 联谊石化总厂出具的《证明》、大庆联谊公司董事任职情况列表、《招股说明书》,用以证明虚假陈述行为是大庆联谊公司的实际控制人联谊石化总厂实施的，应当由联谊石化总厂直接承担虚假陈述的法律责任。

2.《企业法人营业执照》，用以证明大庆联谊公司是在1998年5月6日合法成立，因此对成立前联谊石化总厂以其名义实施的行为不应承担责任。

3. 中国证监会的证监罚字〔2000〕年第16号《处罚决定书》，用以证明虚假陈述行为是多个单位与个人实施的，原告方放弃向其他虚假陈述参与人主张权利，会造成本案许多事实不能查清。

4. 另案股民严伟虹的《起诉状》，用以证明股民是在2000年4月27日才得知大庆联谊公司的虚假上市行为，因此应当将2000年4月27日确定为大庆联谊公司的虚假陈述行为揭露日。

5. 上海证券交易所综合指数、大庆联谊公司股票和齐鲁石化等8家上市公司股票的K线图，用以证明原告诉称的经济损失与大庆联谊公司的虚假陈述行为之间没有因果关系。

被告申银证券公司除同意被告大庆联谊公司的答辩理由外，另辩称：原告起诉的虚假陈述事实，包括《招股说明书》《上市公告》以及其他所谓"侵权事实"，均系大庆联谊公司所为，依法应由实施欺诈者自行承担责任。对大庆联谊公司的虚假陈述，申银证券公司既不明知也未参与。要求股票承销商和上市公司推荐人识别、查验和阻断这些制假造假现象，超出了申银证券公司的审核能力与义务。原告的诉讼请求应当驳回。

法庭主持了质证、认证。经质证，双方当事人均对对方出示证据的真实性无异议，但均不同意对方基于这些证据而主张的证明目的。此外，法庭根据被告申银证券公司的申请，向中国证券登记结算有限责任公司上海分公司调取了23名原告的大庆联谊公司股票交易记录，双方当事人均认可此交易记录。

经质证、认证，哈尔滨市中级人民法院查明：

被告大庆联谊公司正式成立于1998年5月6日。

1997年4月26日，联谊石化总厂以被告大庆联谊公司的名义发布《招股说明书》。该说明书中，载明被告申银证券公司是大庆联谊公司股票的上市推荐人和主承销商。1997年5月23日，代码为600065A的大庆联谊公司股票在上海证券交易所上市。1998年3月23日，联谊石化总厂又以大庆联谊公司的名义发布《1997年年报》。1999年4月21日，根据有关部门要求，大庆联谊公司在《中国证券报》上发布董事会公告，称该公司的《1997年年报》因涉嫌利润虚假、募集资金使用虚假等违法、违规行为,正在接受有关部门调查。2000 年 3 月 31 日,中国证监会以证监罚字〔2000〕年第 15 号、第 16 号,作出《关于大庆联谊公司违反证券法规行为的处罚决定》和《关于申银证券公司违反证券法规行为的处罚决定》。处罚决定中,认定大庆联谊公司有欺诈上市[①]、《1997 年年报》内容虚假的行为[②];申银证券公司在为大庆联谊公司编制申报材料时,有将重大虚假信息编入申报材料的违规行为。上述处罚决定均在 2000 年 4 月 27 日的《中国证券报》上公布。

从 1997 年 5 月 23 日起,原告陈丽华等 23 人陆续购买了大庆联谊公司股票;至 2000 年 4 月 27 日前后,这些股票分别被陈丽华等 23 人卖出或持有。因购买大庆联谊公司股票,陈丽华等 23 人遭受的实际损失为 425388. 30 元,其中 242349. 00 元损失发生在欺诈上市虚假陈述行为实施期间。

另查明:从被告大庆联谊公司《1997 年年报》虚假行为被披露的 1999 年 4 月 21 日起,大庆联谊公司股票累计成交量达到可流通部分 100% 的日期是同年 6 月 21 日,其间每个交易日收盘价的平均价格为 9. 65 元;从大庆联谊公司上市虚假行为被披露的 2000 年 4 月 27 日起,大庆联谊公司股票累计成交量达到可流通部分 100% 的日期是同年 6 月 23 日,其间每个交易日收盘价的平均价格为 13. 50 元。上海证券交易所股票交易的佣金和印花税,分别为 3. 5‰、4‰。

哈尔滨市中级人民法院认为:本案是因《中华人民共和国证券法》(以下简称证券法)施行前实施的证券虚假陈述行为引发的侵权纠纷,审理本案应当适用 1993 年 4 月 22 日以国务院第 112 号令发布的《股票发行与交易管理暂行条例》(以下简称《股票管理暂行条例》)和《最高人民法院关于审理证券市场因虚假陈述引发的民事赔偿案件的若干规定》(以下简称《证券赔偿案件规定》)。

---

① 1997 年 3 月 20 日,黑龙江省体改委以黑体改复〔1993〕495 号文批复同意大庆市体改委的请示,落款时间为 1993 年 10 月 8 日;1997 年 1 月,大庆市工商管理局为大庆联谊出具签有 1993 年 12 月 20 日的工商营业执照;1997 年 3 月,黑龙江证券登记有限公司为大庆联谊提供虚假股权托管证明,将时间提前到 1994 年 1 月,大庆联谊编制了股份公司 1994 年、1995 年、1996 年的会计记录,其三年利润比相应企业同期多出 16176 万元。此外,大庆联谊将大庆市国税局一张 400 余万元的缓交税款批准书涂改为 4400 余万元,以满足证监会对其申报材料的要求。

② 大庆联谊 1997 年年报虚增利润 2848. 89 万元,其中内部销售业务产生的尚未实现的利润在合并会计报表时未抵消,虚增利润 939. 13 万元;加工产品增量未销售部分利润计入当年损益,虚增利润 796. 88 万元;为大庆联谊提供劳务的应付未付费用未计入当年损益,虚增利润 1058. 60 万元;大庆联谊的费用未计入当年损益,虚增利润 54. 26 万元;大庆联谊在招股说明书中承诺将募集资金投入四个项目,在 1997 年年报中亦称"公司四个募股资金项目投入情况良好",但大庆联谊的募集资金均未投入上述四个项目,其中有 25700 万元转入母公司大庆联谊石化总厂用为流动资金,5000 万元违规拆借给申银万国,6000 万元投入证券市场,其余资金投入其他项目。

哈尔滨市中级人民法院于2004年8月19日判决:(1)被告大庆联谊公司于本判决生效之日起10日内赔偿原告陈丽华等23人实际损失425388.30元;(2)被告申银证券公司对上述实际损失中的242349.00元承担连带赔偿责任。案件受理费14610.63元,由原告陈丽华等23人负担5719.81元,被告大庆联谊公司负担8890.82元。

一审宣判后,大庆联谊公司和申银证券公司不服,分别向黑龙江省高级人民法院提出上诉。

大庆联谊公司的上诉理由是:

1.《证券赔偿案件规定》是根据《中华人民共和国民法通则》《中华人民共和国证券法》《中华人民共和国公司法》以及《中华人民共和国民事诉讼法》等法律制定的司法解释,其中的证券法于1999年7月1日起才施行。本案所涉虚假陈述行为,一个在1997年4月26日实施,一个在1998年3月23日实施,均早于证券法施行之日。在证券法施行前用于规范证券市场的《股票管理暂行条例》,是国务院证券委员会发布的行政规章,不具有行政法规效力,这个条例从证券法施行之日起已经作废。中国证监会根据《股票管理暂行条例》的规定,已经对本案所涉虚假陈述的责任人进行了处罚。原判令与虚假陈述行为无关的上诉人承担证券法规定的赔偿责任,上诉人在承担了这个赔偿责任后,必然要再向实际控制人(也就是虚假陈述的责任人)追偿。这对已经接受了处罚的虚假陈述责任人来说,是重复的、追加的民事处罚。故原审既依据已经废止的《股票管理暂行条例》,又引用根据证券法制定的司法解释来判决上诉人承担赔偿责任,是适用法律不当,应当免除上诉人的民事赔偿责任。

2. 在原审中,上诉人举出其他法院对类似案件的判决以及K线图等大量证据,用以证明揭露日之前的股票市场价格未受虚假陈述行为的影响,投资者在二级市场的获利或损失均与上诉人未披露的信息和募集的资金无关,被上诉人的损失是其在二级市场的投机行为造成的,虚假陈述行为与被上诉人的损失之间不存在因果关系。原判虽然将有无因果关系列为争议焦点之一,但无视上诉人所举的大量证据,以证据不足为由,仍然作出被上诉人损失与虚假陈述行为之间存在因果关系的判断。至于证据充分的标准和依据是什么,他们没有说明,这种做法不符合审理和认定因果关系的诉讼程序规则。

3. 原判认定《1997年年报》虚假陈述的揭露日为1999年4月21日。既然这个日期是揭露日,那么所有投资者自该日起都应当知道虚假陈述行为已经发生。根据民法通则的规定，被上诉人在2001年4月21日以后对《1997年年报》虚假陈述提起诉讼，显然超过了诉讼时效期间。

4. 原判认定联谊石化总厂是本案两个虚假陈述行为的实施者和上诉人的实际控制人。虚假陈述行为实施者和上市公司的实际控制人，是两个不同的概念，其诉讼权利义务及赔偿责任承担应有明显区别。原判没有说明这两者之间的区别。

5. 对投资人已卖出的股票，应当按先进先出原则计算买入均价。而本案有些被上诉人的股票买入均价超过最高买入价，甚至超过股票历史最高价，明显与事实不符。此外，股民利息损失不应由上诉人赔偿。原判认定的赔偿数额有误。请求二审撤销原判，改判驳回被上诉人的诉讼请求，由被上诉人负担一、二审诉讼费。

申银证券公司的上诉理由是：

1. 上诉人制作的《招股说明书》仅针对一级市场，又被不断披露的信息所覆盖，被上诉人在二级市场不断地以投机为目的进行股票买卖，原审判决对此未涉及，对上诉人显然不公。

2. 上诉人不是重大虚假信息的发布主体，信息的真假系法律事实，此事实的出现并不依赖上诉人是否认真审核，原审判决认定上诉人“未经认真核查，致使申报材料含有重大虚假信息”不当。

3. 原审判决将本应由会计师事务所承担的责任也一并判由上诉人承担不公。除此以外，同意大庆联谊公司的其他上诉理由。请求二审撤销原判，改判驳回被上诉人的诉讼请求，由被上诉人负担一、二审诉讼费。

被上诉人陈丽华等人辩称：

1.《股票管理暂行条例》是国务院发布的行政法规，不是行政规章，至今未被废止。原审判决适用法律并无不当。

2. 本案不存在系统风险导致股价随大盘波动的情形，上诉人没有提供存在系统风险的有力证据。根据《证券赔偿案件规定》第18条的规定，只要投资人符合该条规定的情形，应当认定虚假陈述行为与投资人损失之间具有因果关系。

3. 本案诉讼时效期间起算日为中国证监会对大庆联谊公司作出行政处罚公布之日即2000年4月27日，投资人起诉没有超过诉讼时效期间。

4.《招股说明书》不仅是一级市场，也是二级市场投资人投资的重要依据。被上诉人投机是证券市场的正常交易行为，应受法律保护。申银证券公司虽然不是《招股说明书》的发布主体,但因《招股说明书》由其制作、审核并签字,其是责任主体。申报材料含有重大虚假信息,申银证券公司应当承担赔偿责任。

二审庭审中,上诉人大庆联谊公司提交以下新的证据:

1. 哈尔滨市中级人民法院〔2003〕哈民三初字第403号民事调解书,即原告严伟虹与被告联谊石化总厂达成调解协议;

2. 2004年8月4日《上海证券报》刊登的《股民败诉ST渤海案皆因"系统风险"》以及山东省济南市中级人民法院〔2002〕济民二初字第12号民事判决书,内容为判决驳回原告张鹤诉银座渤海集团股份有限公司虚假陈述民事赔偿诉讼请求案;

3. 大庆联谊公司股票在1999年4月20日至1999年6月21日的K线图。

大庆联谊公司提交上述证据用以证明:证券市场存在系统风险,投资人的损失是系统风险所致,与大庆联谊公司的虚假陈述无关,应当追加联谊石化总厂为本案被告。

被上诉人对上诉人提交证据的真实性无异议,但认为民事调解书的原告选择了调解权利,与本案无关,对上诉人的主张无证明力。

黑龙江省高级人民法院认为,本案所涉虚假陈述行为发生于证券法施行前、《股票管理暂行条例》施行之后,一审以该条例作为法律依据,并根据《证券赔偿案件规定》作出裁判,并无不当。行政责任与民事责任是两种不同的法律责任,不存在重复或追加处罚的问题。大庆联谊公司因虚假陈述行为被中国证监会予以行政处罚,不影响其对因给投资者造成的损失承担民事赔偿责任。而且大庆联谊公司提交的证据不能证明免除民事责任的系统风险存在。上诉人申银证券公司作为证券承销商、上市推荐人没有对源于大庆联谊公司的虚假陈述予以纠正或出具保留意见,应当承担共同侵权的连带责任。联谊石化总厂不仅是虚假陈述行为人,也是上市公司大庆联谊公司的实际控制人。一审中未起诉联谊石化总厂,故联谊石化总厂不是必须参加诉讼的主体。作为上市公司,大庆联谊公司可以在先行承担赔偿责任后,再向实际控制人联谊石化总厂追偿。根据《证券赔偿案件规定》的规定,投资人以自己受到虚假陈述侵害为由,对虚假陈述行为人提起民事赔偿诉讼的,必须以有关机关的行政处罚决定或者人民法院的刑事裁判文书为依据,人民法院才应当受理。本案从中国证监会对虚假陈述行为人作出的处罚决定公布之日起计算本案的诉讼时效期间,是正确的。由于证券交易的复杂性，目前用于计算投资人投资差额损失的方法有多种。只要这些方法符合《证券赔偿案件规定》确定的原则，结果公平合理，使用哪种方法计算，就在法院的自由裁量范围之内。原判采用的计算方法符合相关规定，有利于保护多数投资人的利益，故不予变更。

【基本问题】

本案经过一审、二审，争议的焦点在于大庆联谊公司应否对其实际控制人联谊石化总厂以其名义实施的虚假陈述行为承担民事责任，作为承销商和上市公司推荐人的申银证券公司应否对虚假陈述行为承担连带责任。具体包括：(1)关于本案法律的适用问题；(2)大庆联谊公司应否对联谊石化总厂以其名义实施的虚假陈述行为承担民事责任；(3)原告的股票交易损失与虚假陈述行为之间是否存在因果关系；(4)申银证券公司应否对虚假陈述行为承担连带责任；(5)原告的经济损失如何确定；(6)原告向法院主张权利，是否超过诉讼时效期间。

【讨论与分析】

(一)关于本案法律适用的问题

作为司法解释，《证券赔偿案件规定》制定的依据和解释的对象，既包括证券法，也包括民法通则和公司法等法律。本案所涉虚假陈述行为虽然发生于证券法施行前，不能依照证券法追究行为人的责任，但任何民事行为均须遵循民法通则确立的诚实信用原则，遵守法律、行政法规以及相关行业规则确定的义务，否则就应依据民法通则和相关法律、行政法规的规定承担民事责任。《股票管理暂行条例》是国务院颁布的旨在监管证券市场的行政法规，其中不仅明确规定了证券发行人、上市公司和承销商等证券市场主体在证券市场中的信息披露义务，规定了对虚假陈述行为的行政处罚，而且还规定了虚假陈述行为人应当承担民事赔偿责任。该行政法规及相关行政规章、行业规则，是确定当事人是否违反民法通则诚实信用原则并构成侵权的具体标准。本案所涉虚假陈述行为，发生于《股票管理暂行条例》颁布施行之后，中国证监会依据该条例对虚假陈述行为作出认定和处罚，一审也将该条例作为法律依据，并根据《证券赔偿案件规定》作出裁判，并无不当。上诉人大庆联谊公司称原判以证券法为依据来确定行为人的赔偿责任，经核对原判文本，并无此事，这是大庆联谊公司对原判的误读。大庆联谊公司又称《股票管理暂行条例》不具有行政法规效力，已经废止，该理由没有任何法律依据。如前所述，《股票管理暂行条例》对虚假陈述行为人，不仅规定应予行政处罚，还规定应承担民事赔偿责任，而且民法通则第110条也有“对承担民事责任的公民、法人需要追究行政责任的，应当追究行政责任”的规定。行政责任与民事责任是两种不同的法律责任，不存在重复或追加处罚的问题。大庆联谊公司因虚假陈述行为被中国证监会予以行政处罚，不影响其对因给投资者造成的损失承担民事赔偿责任。大庆联谊公司称原判令其承担民事责任属于重复处罚，对其于证券法生效前实施的虚假陈述行为应免除民事赔偿责任的上诉理由，不能成立。

（二）大庆联谊公司应否对联谊石化总厂以其名义实施的虚假陈述行为承担民事责任

本案所涉虚假陈述行为，《招股说明书》《上市公报》和《1997年年报》，确实是在大庆联谊公司成立之前，由联谊石化总厂以大庆联谊公司名义发布实施的。而且大庆联谊公司是联谊石化总厂以其部分下属企业组建成立的公司。因此，联谊石化总厂不仅是虚假陈述行为人，也是上市公司大庆联谊公司的实际控制人。《证券赔偿案件规定》第21条规定：“发起人、发行人或者上市公司对其虚假陈述给投资人造成的损失承担民事赔偿责任。”该规定第22条第1款规定：“实际控制人操纵发行人或者上市公司违反证券法律规定，以发行人或者上市公司名义虚假陈述并给投资人造成损失的，可以由发行人或者上市公司承担赔偿责任。发行人或者上市公司承担赔偿责任后，可以向实际控制人追偿。”本案一审认定大庆联谊公司是上市公司和大庆联谊公司股票的发行人，大庆联谊公司的实际控制人联谊石化总厂以大庆联谊公司的名义虚假陈述，给原告陈丽华等23名投资人造成损失，应当由大庆联谊公司承担赔偿责任，并无不当。

在二审中上诉人大庆联谊称：原判认定联谊石化总厂是本案两个虚假陈述行为的实施者和上诉人的实际控制人。虚假陈述行为实施者和上市公司的实际控制人是两个不同的概念，其诉讼权利义务及赔偿责任承担应有明显区别。原判没有说明这两者之间的区别。针对大庆联谊提出的这一问题，二审法院认为：被上诉人在一审中仅起诉了大庆联谊公司和上诉人申银证券公司，未起诉联谊石化总厂，故联谊石化总厂不是必须参加诉讼的主体。作为上市公司，大庆联谊公司可以在先行承担赔偿责任后，再根据《证券赔偿案件规定》第22条的规定向实际控制人联谊石化总厂追偿。大庆联谊公司与其实际控制人联谊石化总厂之间的责任分配或转承关系，属另一法律关系，不在本案审理范围。

（三）原告的股票交易损失与虚假陈述行为之间是否存在因果关系

《证券赔偿案件规定》第 18 条规定："投资人具有以下情形的，人民法院应当认定虚假陈述与损害结果之间存在因果关系：（一）投资人所投资的是与虚假陈述直接关联的证券；（二）投资人在虚假陈述实施日及以后，至揭露日或者更正日之前买入该证券；（三）投资人在虚假陈述揭露日或者更正日及以后，因卖出该证券发生亏损，或者因持续持有该证券而产生亏损。"第 19 条规定："被告举证证明原告具有以下情形的，人民法院应当认定虚假陈述与损害结果之间不存在因果关系：（一）在虚假陈述揭露日或者更正日之前已经卖出证券；（二）在虚假陈述揭露日或者更正日及以后进行的投资；（三）明知虚假陈述存在而进行的投资；（四）损失或者部分损失是由证券市场系统风险等其他因素所导致；（五）属于恶意投资、操纵证券价格的。"本案一审中原告陈丽华等 23 人购买了与虚假陈述直接关联的大庆联谊公司股票并因此而遭受了实际损失，应当认定大庆联谊公司的虚假陈述行为与陈丽华等人遭受的损失之间存在因果关系。

而被告大庆联谊则以"损失或者部分损失是由证券市场系统风险等其他因素所导致的"进行抗辩，否认投资人的损失与虚假陈述行为之间存在因果关系。并在二审中举出其他法院对类似案件的判决以及 K 线图等大量证据，用以证明揭露日之前的股票市场价格未受虚假陈述行为的影响。证券市场系统风险是否存在、如何证明，就成为本案争议的焦点之一。

《证券赔偿案件规定》第 19 条第 4 项规定，被告举证证明原告的损失或者部分损失是由证券市场系统风险等其他因素所导致的，人民法院应当认定虚假陈述与损害结果之间不存在因果关系。此条虽将系统风险作为免除民事责任的条件之一，但对系统风险这一概念未作明确定义，双方当事人也对系统风险有不同的理解，故应依据通常理解确定系统风险的含义。证券业通常理解，系统风险是指对证券市场产生普遍影响的风险因素，其特征在于系统风险因共同因素所引发，对证券市场所有的股票价格均产生影响，这种影响为个别企业或行业所不能控制，投资人亦无法通过分散投资加以消除。上诉人大庆联谊公司上诉认为，原判未考虑系统风险对造成被上诉人损失的影响，并为此提交了相关股票价格和上证指数变动等证据支持自己的这一主张。大庆联谊公司既然提出这一主张，首先应当举证证明造成系统风险的事由存在，其次应当证明该事由对股票市场产生了重大影响，引起全部股票价格大幅度涨跌，导致了系统风险发生。但纵观大庆联谊公司向一审和二审法院提交的所有证据，并不能证明 1999 年 4 月 21 日至 2000 年 4 月 27 日期间,证券市场存在着足以影响所有股票价格下跌的合理事由,更不能证明该事由与股市价格波动的逻辑关系。对虚假陈述行为和所谓系统风险如何影响股价变动以及各自影响的程度,大庆联谊公司也没有提出具体的区分判断标准和有说服力的理由。经考查,1999 年 4 月 21 日至 2000 年 4 月 27 日期间,股票市场的大盘走势图反映股票交易比较平稳,上证综合指数并未发生大幅度下跌。在此期间,大庆联谊公司欺诈上市虚假陈述行为持续影响着股票价格,股民在信息不对称的情况下继续投资购买大庆联谊公司股票,由此形成的投资损失,当然与虚假陈述行为之间存在因果关系。至于大庆联谊公司在二审提交的其他法院关于虚假陈述侵权赔偿案民事判决,不仅因该判决尚未发生法律效力,而且因该案投资人股票交易时间段、虚假陈述行为对投资人影响程度均与本案不同,不能作为处理本案的依据。由于大庆联谊公司提交的证据不能证明系统风险确实存在,原判以证据不足为由,否决大庆联谊公司关于存在系统风险,应当免除赔偿责任的抗辩主张,并无不当。

(四)申银证券公司应否对虚假陈述行为承担连带责任

申银证券公司在一审、二审中始终认为,对大庆联谊公司的虚假陈述的审核超出了申银证券公司的审核能力与义务,不应由其对虚假陈述承担共同侵权的连带责任。《股票管理暂行条例》第 21 条规定:“证券经营机构承销股票,应当对招股说明书和其他有关宣传材料的真实性、准确性、完整性进行核查;发现含有虚假、严重误导性陈述或者重大遗漏的,不得发出要约邀请或者要约;已经发出的,应当立即停止销售活动,并采取相应的补救措施。”《证券赔偿案件规定》第 27 条规定:“证券承销商、证券上市推荐人[①]或者专业中介服务机构,知道或者应当知道发行人或者上市公司虚假陈述,而不予纠正或者不出具保留意见的,构成共同侵权,对投资人的损失承担连带责任。”根据中国证监会《处罚决定书》的认定,本案存在两个虚假陈述行为,即欺诈上市虚假陈述和《1997 年年报》虚假陈述。这两个虚假陈述行为中,欺诈上市虚假陈述与被告申银证券公司相关。作为专业证券经营机构,大庆联谊公司股票的上市推荐人和主承销商,申银证券公司应当知道,投资人依靠上市公司的《招股说明书》《上市报告》等上市材料对二级市场投资情况进行判断;上市材料如果虚假,必将对股票交

① 2005 年 10 月新修正的证券法采用了上市保荐制度和保荐代表人的规定,因此承担虚假陈述侵权赔偿责任的是保荐机构与保荐代表人而非上市推荐人。

易市场产生恶劣影响，因此应当对招股说明书和其他有关宣传材料的真实性、准确性、完整性进行核查。申银证券公司未尽到法律所要求的勤勉、审慎注意义务，没有对源于大庆联谊公司的虚假陈述予以纠正或出具保留意见，而且自己还编制和出具了虚假陈述文件，致使申报材料含有重大虚假信息，已经构成共同侵权。同时，申银证券公司没有向法院证明其存在法定的免责事由，因此，申银证券公司应当对投资人的损失承担连带责任。

关于申银证券公司在上诉中提到的会计师事务所审核责任的问题，二审法院认为，根据《证券赔偿案件规定》，对发行人或者上市公司的上市文件，证券承销商、证券上市推荐人或者专业中介服务机构都有责任审核，都可能对发行人或者上市公司的虚假陈述行为承担连带责任。以上述主体为被告的诉讼，属于普通共同诉讼。在一审诉讼中，原告基于其诉讼利益的判断而选择其中某些人当被告，不违反法律规定。法院根据原告的请求确定诉讼参加人，是尊重当事人的诉讼选择权，并无不当。

（五）原告的经济损失如何确定

《证券赔偿案件规定》第 30 条规定："虚假陈述行为人在证券交易市场承担民事赔偿责任的范围，以投资人因虚假陈述而实际发生的损失为限。投资人实际损失包括：（一）投资差额损失；（二）投资差额损失部分的佣金和印花税。"第 31 条规定："投资人在基准日及以前卖出证券的，其投资差额损失，以买入证券平均价格与实际卖出证券平均价格之差，乘以投资人所持证券数量计算。"第 32 条规定："投资人在基准日之后卖出或者仍持有证券的，其投资差额损失，以买入证券平均价格与虚假陈述揭露日或者更正日起至基准日期间，每个交易日收盘价的平均价格之差，乘以投资人所持证券数量计算。"第 20 条第 1 款规定："本规定所指的虚假陈述实施日，是指作出虚假陈述或者发生虚假陈述之日。"第 33 条规定："投资差额损失计算的基准日，是指虚假陈述揭露或者更正后，为将投资人应获赔偿限定在虚假陈述所造成的损失范围内，确定损失计算的合理期间而规定的截止日期。基准日分别按下列情况确定：（一）揭露日或者更正日起，至被虚假陈述影响的证券累计成交量达到其可流通部分 100% 之日。但通过大宗交易协议转让的证券成交量不予计算。（二）按前项规定在开庭审理前尚不能确定的，则以揭露日或者更正日后第 30 个交易日为基准日。（三）已经退出证券交易市场的，以摘牌日前一交易日为基准日。（四）已经停止证券交易的，可以停牌日前一交易日为基准日；恢复交易的，可以本条第（一）项规定确定基准日。”

被告大庆联谊公司实施了欺诈上市虚假陈述和《1997 年年报》虚假陈述，前者表现在 1997 年 4 月 26 日公布的《招股说明书》和《上市公告》中，后者表现在 1998 年 3 月 23 日公布的《1997 年年报》。因此，两个虚假陈述行为的实施日分别为 1997 年 4 月 26 日、1998 年 3 月 23 日。1999 年 4 月 21 日，大庆联谊公司首次在《中国证券报》上对该公司《1997 年年报》涉嫌虚假的问题进行了公告，应当确认此日为《1997 年年报》虚假陈述行为的揭露日。2000 年 4 月 27 日，《中国证券报》上公布了中国证监会对大庆联谊公司虚假陈述行为作出处罚的决定，应当确认此日为欺诈上市虚假陈述行为首次被披露日。自上述两个虚假陈述行为被揭露日起，至大庆联谊公司股票累计成交量达到可流通部分 100% 的日期，分别为 1999 年 6 月 21 日、2000 年 6 月 23 日，这是确定两个虚假陈述行为损失赔偿的基准日。

现已查明，前一个基准日的大庆联谊公司股票交易平均价格为 9.65 元，后一个基准日的平均价格为 13.50 元，而股票交易的佣金和印花税分别按 3.5‰、4‰计算。按此方法计算，在虚假陈述实施日以后至揭露日之前，原告陈丽华等 23 人购买大庆联谊公司股票，因卖出或持续持有该股票遭受的实际损失为 425 388.30 元。这笔损失与被告大庆联谊公司的虚假陈述行为存在因果关系，大庆联谊公司应当承担赔偿责任。其中在欺诈上市虚假陈述行为实施期间发生的 242 349.00 元损失，应当由被告申银证券公司承担连带责任。

针对上诉人质疑本案有些被上诉人的股票买入均价超过最高买入价，甚至超过股票历史最高价，原审认定赔偿数额有误。二审法院肯定了一审对投资者损失数额的计算。认为，原判计算买入证券平均价格的方法是：以实际交易每次买进价格和数量计算出投资人买进股票总成本，再减去投资人此间所有已卖出股票收回资金的余额，除以投资人尚持有的股票数量。按此种方法计算，不排除个别投资人买入证券的平均价格高于股票历史最高价的可能。这只是计算投资人投资差额损失过程中可能出现的一个数据，而且这个数据在很大程度上取决于投资人在揭露日前后的股票持有量。这个数据不等于投资人购买股票时实际成交的价格，其与大庆联谊公司股票历史最高价之间没有可比性。由于证券交易的复杂性，目前用于计算投资人投资差额损失的方法有多种。只要这些方法符合《证券赔偿案件规定》第 30 条、第 31 条、第 32 条确定的原则，结果公平合理，使用哪种方法计算，就在法院的自由裁量范围之内。原判采用的计算方法符合《证券赔偿案件规定》,有利于保护多数投资人的利益。同时由于《证券赔偿案件规定》第 30 条第 2 款已明确规定,虚假陈述行为人在证券交易市场承担民事赔偿责任的范围包括利息,即所涉资金利息自买入至卖出证券日或者基准日,按银行同期活期存款利率计算,故大庆联谊公司应给付投资差额损失部分的利息。

(六)原告向法院主张权利,是否超过诉讼时效期间

在一审、二审中,大庆联谊坚持认为原告(被上诉人)于 1999 年 4 月 21 日从大庆联谊公司董事会公告中知道了虚假陈述行为的存在,其提起本案侵权之诉时,就超过了民法通则规定的两年诉讼时效期间。根据《证券赔偿案件规定》第 5 条第 1 款第(1)项的规定,投资人对虚假陈述行为人提起民事赔偿的诉讼时效期间,从中国证监会或其派出机构公布对虚假陈述行为人作出处罚决定之日起算。中国证监会对本案所涉虚假陈述行为人作出的处罚决定于 2000 年 4 月 27 日公布。自此日起算,原告陈丽华等 23 人于 2002 年 3 月 28 日提起本案侵权之诉时,并未超过法律规定的两年诉讼时效期间。

尽管大庆联谊公司的《1997 年年报》虚假陈述行为于 1999 年 4 月 21 日披露,部分投资者也于该日知道虚假陈述行为发生,但是根据《证券赔偿案件规定》第 6 条的规定,投资人以自己受到虚假陈述侵害为由,对虚假陈述行为人提起民事赔偿诉讼的,必须以有关机关的行政处罚决定或者人民法院的刑事裁判文书为依据,人民法院才应当受理。在有关机关的行政处罚决定或者人民法院的刑事裁判文书没有作出和公布前,投资人无从提起诉讼。所以,如果按民法通则第 137 条的规定,“从知道或者应当知道权利被侵害时起计算”投资人提起的虚假陈述侵权损害赔偿案的诉讼时效期间,对投资人是不公平的。一审判决根据《证券赔偿案件规定》第 5 条第 1 款第(1)项的规定,从中国证监会对虚假陈述行为人作出的处罚决定公布之日计算本案的诉讼时效期间,是正确的。

DISHIZHANG

第十章

保险法

▶案例1:中国人民财产保险股份有限公司卢湾支公司诉予达货运有限公司案 > > >

【案情简介】①

原告(上诉人):中国人民财产保险股份有限公司卢湾支公司。

负责人:嵇益生,总经理。

委托代理人:李民、潘灵,上海市君悦律师事务所律师。

被告(被上诉人):予达货运有限公司。

法定代表人:刘登礼,该公司经理。

委托代理人:严家珠,上海市宏洲律师事务所律师。

原告诉称其承保了一批可口可乐展示柜(型号为 CVC-400D),该批货物由被告承运,以汽运方式从上海运往厦门。在运输途中货车 A02910 发生火灾事故,将所承载的货物全部烧毁。依据相关法律规定,本次事故所造成的损失应当由被告承担全部责任。事故发生后,原告已依法对被保险人进行保险理赔,赔偿被保险人人民币 111008 元,并据此取得了保险代位求偿权,故请求一审法院判令被告赔偿其经济损失人民币 111008 元。

被告则辩称本案所涉保险事故是意外事故,其作为承运人没有过错,当属原告应当理赔的范围,原告无权向被告追偿。

2005 年 1 月 25 日,以上海富申冷机有限公司(以下简称富申公司)为托运单位、予达公司为承运单位的双方共同签订了编号为 0002049 予达公司货运合同,约定予达公司为富申公司将型号为 CVC-400D 的 57 台可口可乐展示柜从上海运往福建省厦门市。同日,以富申公司为被保险人,中国人民财产保险股

---

① 上海市第一中级人民法院〔2006〕沪一中民三(商)终字第 158 号。

份有限公司卢湾支公司(以下简称人保卢湾公司)为保险人的双方共同签订了编号为 PYDL200531000000 国内水路、陆路货物运输保险合同,约定人保卢湾公司为富申公司上述货物承保运输险,启运日期为2005 年1 月25 日,保险金额为人民币19.8 万元(以下币种均为人民币)。

2005 年1 月31 日6 时,承运车辆闽 A02910 行驶至福泉厦高速公路335 公里 +350 米福州往厦门方向路段时,由于该货车副驾驶员座位一侧后轮的内轮轮毂过热,引起轮胎着火,进而导致车上全部货物烧毁。起火后,司机立即采取措施救助,并报警。但由于所处地段较为偏僻,当消防赶到时,火势已难以控制,燃烧共持续3 至4 个小时。2005 年2 月4 日,福建省莆田市城厢区公安消防大队出具的火灾原因认定书认定:该起火灾原因系因闽 A02910 货车的副驾驶员座位一侧后轮的内轮轮毂过热,引起轮胎着火,进而酿成火灾的。2005 年2 月5 日,福建省公安厅交通警察总队直属高速公路支队莆田大队出具了事故认定书,其中载明事故责任:经查驾驶人杜增雁驾驶闽 A02910 重型厢式货车无违法和过错行为,本事故属于意外火灾事故。2005 年3 月23 日,上海恒量保险公估有限公司出具的《检验报告》第8 条认为:此次事故是由于轮胎起火造成,属于保险责任范围,对此事故的理算金额为111008 元。2005 年7 月14 日,人保卢湾公司向富申公司赔付了111008 元,并取得富申公司出具的权益转让书。

以上事实有下列证据证明:

(1)予达公司货运单,以证明予达公司与富申公司间的货运合同成立;

(2)国内水路、陆路货物运输保险单,以证明人保卢湾公司与富申公司间的保险合同成立;

(3)事故认定书,以证明保险事故的认定情况;

(4)事故证明,以证明保险事故的情况;

(5)上海恒量保险公估有限公司出具的《检验报告》,以证明保险理赔的数额;

(6)支付凭证,以证明人保卢湾公司已经对事故进行理赔;

(7)权益转让书,以证明人保卢湾公司已经取得保险代位求偿权。

上海市闵行区人民法院经审理认为:保险人的代位权产生的前提是,被保险货物的损失必须是因为第三者的责任造成的,即保险事故的发生是由第三者的侵权行为所致。就本案所涉保险事故而言,福建省莆田市城厢区公安消防大队出具的火灾原因认定书认为:该起火灾系因予达公司闽 A02910 货车的副驾驶员座位一侧后轮的内轮轮毂过热，引起轮胎着火，进而酿成。福建省公安厅交通警察总队直属高速公路支队莆田大队认定驾驶人杜增雁驾驶闽 A02910 重型厢式货车无违法和过错行为，本事故属于意外火灾事故。可见，承运人予达公司在运输过程中并无违法和过错行为，保险事故的发生与予达公司的承运行为之间无因果关系，本案所涉保险事故的发生并不是因为第三者即予达公司的责任造成的，予达公司不应负侵权赔偿责任。据此，上海市闵行区人民法院判决如下：驳回人保卢湾公司的诉讼请求。

原告不服一审判决，向上海市第一中级人民法院提起上诉，称：一审法院对"保险代位求偿权"的理解错误，人保卢湾公司是基于予达公司违约而提起的代位求偿权诉讼，但一审法院却依据予达公司的行为是否构成侵权作出判决错误，请求二审法院依法撤销原判，改判予达公司赔偿人保卢湾公司经济损失共计人民币 111008 元。

被上诉人（原审被告）答辩称：人保卢湾公司是基于违约提起的诉讼，但人保卢湾公司与予达公司间不存在合同关系，且在货运合同中已经约定由托运人进行投保就是为了让保险人来承担在运输途中因运输工具的原因而导致的物损。在保险法中，代位求偿权是指由于第三者的责任而导致被保险人损失才产生的，现相关部门的火灾原因认定书证明，予达公司根本没有违法和过错行为，保险事故是一起意外事故，属于不可抗力，不存在第三者的责任，故请求二审法院维持原判。

上海市第一中级人民法院经审理，除认定一审法院查明的事实外，还查明：富申公司与予达公司间的货运合同是一份货物运单，在托运人须知中约定托运人对托运货物必须投保。

富申公司与人保卢湾公司间签订的国内水路、陆路货物运输保险条款中约定的基本险包括因火灾、爆炸等所造成的损失。当货物发生保险责任范围的损失，如果根据法律规定或有关规定，应当由承运人或其他第三者负责赔偿一部分或全部的，被保险人应首先向承运人或其他第三者索赔，如被保险人提出要求，保险人也可以先予赔偿，但被保险人应签发转让书给保险人，并协助保险人向责任方追偿。

二审法院采信的证据与一审法院采信的证据相同。

上海市第一中级人民法院经审理认为：《中华人民共和国保险法》第 45 条第 1 款规定："因第三者对保险标的的损害而造成保险事故的，保险人自向被保险人赔偿保险金之日起,在赔偿金额范围内代位行使被保险人对第三者请求赔偿的权利。"[①]由此可见,当被保险人对第三者有请求赔偿的权利时,保险人按保险合同的约定向被保险人履行理赔义务之后,就取得了代位追偿权。本案上诉人人保卢湾公司向被保险人富申公司进行理赔后,即取得向被上诉人予达公司代位行使损害赔偿的请求权,由于涉案的火灾事故不属于被上诉人予达公司在货运合同中的免责事由,被上诉人予达公司应对被保险人富申公司的货物损失承担损害赔偿责任,因此,上诉人人保卢湾公司的诉讼请求成立,本院予以支持。被上诉人予达公司的辩称意见,缺乏法律依据,本院不予采纳。原审判决适用法律不当,本院予以纠正。

【基本问题】

本案一审、二审不同裁判的关键在于原告的保险代位权是否成立,即被告是否应对被保险人的货物损失承担违约责任。因此,本案的争议焦点为:(1)被保险人的投保行为是否免除了其他人的赔偿责任;(2)保险人实现代位求偿权的前提是否仅限于侵权损害;(3)涉案的意外火灾事故是否属于承运人的免责事由;(4)承运人能否以无过错对抗保险代位求偿权。

【讨论与分析】

(一)被保险人的投保行为是否免除了其他人的赔偿责任

予达公司认为,在其与富申公司的货运合同中已经明确约定,由托运人对该批货物进行投保,这是予达公司对其在运输过程中可能存在的不可预期的风险的转移机制,保险人在承保时也应预见到这种风险的存在。在本次事故中,予达公司不存在过错,就不应该承担赔偿责任。对此,二审法院认为,首先,财产保险是为了补偿被保险人因保险标的所受到的实际损失而设立的,并不免除第三者对保险标的应有的义务。其次,保险代位求偿权的设立源于公平正义原则,其核心基础是损失补偿原则。在基于第三人对保险标的造成损害的保险事故中,只有第三人切实承担了损害赔偿责任,才能使受到的损害状态恢复原状。若第三人因为被保险人已实际从保险人那里获得了保险金而不承担责任或者使被保险人因保险事故获得双倍赔偿,构成不当得利,导致这种公平关系失调。为了防止被保险人由于保险事故的发生,从保险人和第三者责任方同时获得赔偿而额外获利,确保损失补偿原则的执行,而不免除第三者的相关责任。再次,

① 此条为案发时的2002年新修正的保险法规定。

货运合同约定由托运人对货物投保，并不表明被保险人由此预先放弃了其对第三者的损害赔偿请求权。本案中，因予达公司的行为造成货物毁损，富申公司享有对予达公司的请求赔偿权，现人保卢湾公司已向被保险人富申公司进行理赔，并由富申公司出具了权益转让书，就表明人保卢湾公司已取得了代位求偿权。

（二）保险人实现代位求偿权的前提是否仅限于侵权损害

原审判决认为，保险人代位求偿权产生的前提是第三者的侵权行为所引起的损害赔偿。人保卢湾公司则认为，其在履行保险赔偿责任后，已依法取得了被保险人富申公司原有的向第三者请求赔偿的权利，包括第三者的侵权行为和违约行为。对此，二审法院认为，保险代位求偿权是保险人依照法律规定所享有的，代位行使被保险人对造成保险事故并负有赔偿责任的第三者请求赔偿的权利。保险人的权利是源自被保险人对第三者的赔偿请求权，该赔偿请求权的基础并不限于因侵权行为而产生的损害赔偿请求权，也应该包括因合同关系、第三者的其他行为等而产生的损害赔偿请求权。由此可见，保险人人保卢湾公司从被保险人富申公司处所取得的权利在其理赔的范围内，应与被保险人富申公司从承运人予达公司处所取得的赔偿请求权是一致的。原审法院对此理解有误，二审法院予以纠正。

在本案中关于保险人实现代位求偿权的前提的认定既是争议的关键点也是难点。保险代位求偿权的实现前提是对保险代位求偿权的成立事由的认定，也就是保险人因什么情况下发生的保险事故享有代位求偿权。一般来说，保险代位求偿权因下列事由发生：①

1. 侵权行为，指由于第三人的故意或者过失或者依法适用无过错责任的情况下造成保险财产损失的行为。如产品责任中，产品质量不合格及汽车碰撞引起的保险事故。

2. 违约行为，指第三人由于在履行合同义务过程中给对方造成损失应承担违约责任的行为。如买卖合同中，卖方没有依约定交付货物，只是买方权利受损，卖方应承担赔偿责任。

3. 不当得利，指由于第三人的不当得利行为而产生的民事返还责任，如第三人恶意占有保险财产，造成被保险人的损失。

4. 共同海损，当保险人赔付完保险金后，有权向其他共同海损债务人行使分摊请求权。

---

① 贾林青：《保险法》，中国人民大学出版社 2006 年版，第 233 页。

然而，我国学术界对保险代位求偿权的成立事由，或者说保险人可代位行使被保险人对致害者享有的请求权范围一直存有争议，主要有两种截然相反的观点：一种观点认为，因第三者对保险标的的损害而造成保险事故的，保险人自向被保险人赔偿保险金之日起，在赔偿金额范围内代位行使被保险人对第三者请求赔偿的权利。这样的表述可以理解为保险标的的损害仅限于第三者侵权行为所致，所以保险人代位行使的前提即保险代位求偿权的成立事由仅限于侵权行为。另一种观点认为，在保险实践中，造成保险标的受损的原因很多，不仅包括致害者的侵权行为，还可以基于合同及法律本身的规定，如违约行为、不当得利或共同海损，所以保险代位求偿权的实现前提即保险人代位行使的权利范围不应仅限于侵权损害赔偿请求权。

第二种观点更符合保险基本原理和保险代位求偿制度的立法本意。具体理由是：(1)在第三者因其违约行为等法律事实造成被保险人的保险标的毁损的情形下，若保险人在依约赔付后不能代位行使被保险人对第三人请求违约赔偿的权利，第三人就可能因保险人和被保险人签订的保险合同而逃避其本应承担的法律责任。因为根据财产保险的损失补偿原则，被保险人此时已无权在获赔范围内向第三人请求赔偿，从而在客观上可能会造成第三人不当得利。(2)尽管我国保险法规定保险人可代位行使损害赔偿请求权，使用"损害"一词容易产生误解，认为代位请求权法律关系中第三人的责任性质是侵权责任。因此，当保险标的因合同以外的第三人的侵权行为而受损时，与被保险人具有合同关系的承运人、承包人、保管人等会主张违约责任不在追偿之列，保险人应当向侵权行为人追偿，但对保险人而言，其所代之位是债权人的地位，被保险人得以追偿，若限定追偿对象为侵权人，其取代的代位权就是残缺的。[①] 故不能单纯根据"损害"字眼而对保险代位权的范围作狭义理解，认为保险人代位行使的权利范围仅限于侵权损害赔偿请求权。本案中，一审法院将保险人代位行使的权利范围限缩理解为侵权损害赔偿请求权，并据此作出驳回人保卢湾公司诉请的判决不当，故二审法院依法予以撤销。

（三）涉案的火灾事故是否属于承运人的免责事由

本案中，富申公司与予达公司签订了货运合同，根据货运合同的相关法律规定，作为承运人的予达公司就负有按时将货物安全运输到约定地点的义务，并对运输过程中货物的毁损、灭失承担损害赔偿责任，但承运人证明货物的毁

① 方乐华：《保险与保险法》，北京大学出版社 2009 年版，第 298 页。

损、灭失是因不可抗力、货物本身的自然性质或者合理损耗以及托运人、收货人的过错造成的,不承担损害赔偿责任。被上诉人予达公司认为,本次火灾事故,是意外事故,属不可抗力,应属其免责的事由,故其不应承担损害赔偿责任。对此,二审法院认为,根据我国民法通则及合同法的相关规定,不可抗力是指不能预见、不能避免并不能克服的客观情况。意外事故是指非因当事人的故意或过失而不能预见的偶然发生的事故。尽管不可抗力与意外事故有一个共同点就是对事故的不可预见性,但是意外事故是能够避免和克服的,而对于不可抗力来说,即使预见到也是不能避免和克服的。涉案的火灾是因货车的副驾驶员座位一侧后轮的内轮轮毂过热,引起轮胎着火,进而酿成的火灾,作为承运人的予达公司是专门从事运输的单位,其对车辆有检查、保养、安全使用的义务,显然,涉案火灾只要予达公司尽到相关承运人的注意义务,及时消除可能存在的事故隐患,此次火灾事故是能够避免和克服的。因此,涉案火灾事故不属于被上诉人予达公司的免责事由。

(四)承运人能否以无过错对抗保险代位求偿权

我国合同法确立了以严格责任为原则、以过错责任为补充的违约责任归责原则,因此,判断合同当事人是否应当承担违约责任,不能简单以其是否具有过错为标准。具体到货运合同法律关系中,除非承运人能够证明承运货物的毁损是因不可抗力、货物本身的自然性质或者合理损耗以及托运人、收货人的过错造成的,否则就应当依法对运输过程中货物的毁损承担损害赔偿责任。本案中,尽管当地交警部门认定,承运人在驾驶车辆过程中无过错,火灾系意外事故,但由于货运合同中的归责原则是严格责任,而承运人予达公司也未能举证证明存在上述免责情形,故其应当就承运货物的毁损向托运人即被保险人富申公司承担违约损害赔偿责任。

▶案例2:中国人民财产保险股份有限公司全州支公司与昌艳等机动车交通事故责任纠纷上诉案 > > >

【案情简介】[①]

上诉人(一审被告):中国人民财产保险股份有限公司全州支公司。

---

① 广西壮族自治区桂林市中级人民法院〔2012〕桂市民三终字第188号。

负责人:刘中元。

委托代理人:黄刚。

被上诉人(一审原告):昌艳。

被上诉人(一审原告):唐超。

被上诉人(一审原告):唐明伟。

被上诉人:唐超、唐明伟法定代理人昌艳。

被上诉人(一审原告):王秀英。

以上四被上诉人共同委托代理人周宏明。

被上诉人(一审被告):李前贵。

委托代理人:蒋峰。

被上诉人(一审被告):全州县客运公司。

法定代表人:唐明辉。

上诉人中国人民财产保险股份有限公司全州支公司因机动车交通事故责任纠纷一案,不服广西壮族自治区全州县人民法院〔2012〕全民初字第238号民事判决,向广西壮族自治区桂林市中级人民法院提出上诉。

一审法院经审理查明:2012年5月4日8时30分许,被告李前贵驾驶车辆所有人为被告全州县客运公司的桂CK1717大型普通客车搭载原告亲属唐高明等共30名乘客从全州开往桂林,当车行驶至国道322线239千米+43米路段时,由于操作不当,将车驶出路外碰撞绿化树后向右侧翻于非机动车道上,车辆侧翻过程中,唐高明被甩出车外后被该车右后角挤压而死亡,另有8名乘客受伤。经全州县公安局交通管理大队认定,被告李前贵承担该事故全部责任,唐高明等人不承担该事故责任。另查明,死者唐高明系全州县全州镇前进村居民,其与原告昌艳于2010年10月21日补办结婚登记,二人共生育原告唐超及唐明伟两个儿子。因城北新区开发建设的需要,唐高明一家四口所有土地已被征收,根据全政发〔2009〕5号文件及有关文件政策的规定,该户属于失地农户。交通事故发生前,唐高明、昌艳长期在全州汽车站水果批发市场租用门面从事水果批发。原告王秀英系原告昌艳之母,共生育包括原告昌艳在内的三子二女(子女均健在且均已组建家庭)。再查明,桂CK1717在被告中国人保财险全州支公司投保了机动车交通事故责任强制保险(保险期间自2012年1月4日0时起至2013年1月3日0时止)、50万元的第三者责任保险(保险期间自2012年1月6日0时起至2013年1月5日0时止)、每人(座)责任限额30万元的道路客运承运人责任险(保险期间同第三者责任保险)。交通事故发生后,被告李前贵先后两次向原告昌艳支付赔偿款共10万元。

一审法院审理认为:公民享有生命健康权。机动车发生交通事故造成人身伤亡的,由保险公司在机动车第三者责任强制保险责任限额范围内予以赔偿,不足部分按各自过错比例分担责任。为保护当事人的合法权益,维护道路交通安全及社会和谐,依照《中华人民共和国民法通则》第98条、第106条第2款、第119条,《中华人民共和国道路交通安全法》第76条,《中华人民共和国保险法》第65条及《最高人民法院关于审理人身损害赔偿案件适用法律若干问题的解释》第1条、第17条、第18条、第22条、第27条、第28条、第29条,《最高人民法院关于确定民事侵权精神损害赔偿责任若干问题的解释》第1条、第9条、第10条之规定,判决如下:(1)被告中国人民财产保险股份有限公司全州支公司赔偿原告昌艳、唐超、唐明伟经济损失560388元,扣除被告李前贵已赔偿款100000元,实际支付460388元;(2)驳回原告昌艳、唐超、唐明伟、王秀英的其他诉讼请求。案件受理费12800元,由四原告负担6200元,被告李前贵及中国人民财产保险股份有限公司全州支公司各负担3300元。

上诉人中国人民财产保险股份有限公司全州支公司(下称上诉人)不服一审判决,向本院提出上诉。

【基本问题】

本案经过一审、二审,其争议的焦点在于:(1)事故发生时死者唐高明是否被甩出车外,是否应认定为第三者;(2)在商业第三者险理赔时,是否应扣除20%的免赔;(3)在计算赔偿数额时是否应采用2012年的新标准。

【讨论与分析】

(一)事故发生时死者唐高明是否被甩出车外,是否应认定为第三者

一审法院认为:公民享有生命健康权。机动车发生交通事故造成人身伤亡的,由保险公司在机动车第三者责任强制保险责任限额范围内予以赔偿,不足部分按各自过错比例分担责任。本案涉及交通事故的死者唐高明无过错,因其死亡而造成的合理经济损失应由全部责任承担者被告李前贵及相关当事人负责赔偿。其起初尽管为事故车辆上的乘客即本车人员,但从交通事故发生即唐高明被甩出车外的瞬间开始,唐高明就不再是事故车辆的本车人员而转变成了第三者。故被告中国人保财险全州支公司辩称其应在道路客运人承运人责任保险限额范围内承担相应的保险合同义务的诉讼主张不能成立,其应在交强险

及第三者责任保险限额内承担理赔责任。

中国人民财产保险股份有限公司全州支公司上诉称:交通事故受害人唐高明系被保险机动车车上乘客,一审认定为第三者,属于认定事实错误。(1)全州县公安局交通管理大队〔2012〕第076号《道路交通事故认定书》明确认定受害人唐高明系被保险机动车桂CK1717车上乘客;(2)从本案证据来看,不能证明唐高明系在车外受伤致死:① 事故发生时,毋庸置疑,作为被保险机动车桂CK1717车上乘客的唐高明肯定在该车车上;② 事故过程终止时,唐高明身体具体在何处,挤压的具体情况如何,其身体是全部在车外而被该车压住,还是其身体在右后车窗口被拦腰卡住而被挤压,一审法院没有查清。综合本案证据来看,无论是从交警出具的《道路交通事故责任认定书》,还是从交警提供的《询问笔录》(蒋曾华、李前贵)、蒋峰律师调查的证人证言(吴志红、邓祖科),均不能证明唐高明完全被甩出了车外;这些证据仅能说明唐高明被从侧翻的桂CK1717右后角部位拖救出来。从现场照片来看,事故后的血迹均位于车内,车辆侧翻后所处的地面上没有血迹,且尸检报告显示,唐高明系胸部严重损伤死亡,唐高明受伤部位即被挤压部位系在胸、腹部;同时该尸检报告显示,四肢长骨未触及骨折。由此可知,唐高明身体并非全部置于车外而被该车挤压,若其身体全部置于车外且被该车挤压,势必造成包括四肢在内的身体多部位骨折。综上所述,一审判决认定“唐高明被甩出车外”并依此认定唐高明从“车上乘客”转变为“第三者”之事实,证据不足,亦不符合生活常理;(3)根据本案事实和保险合同的约定,上诉人应承担的保险责任是承运人责任险保险合同责任:① 桂CK1717号车在上诉人处投保了道路客运人保险责任,死亡伤残责任限额为30万元;② 本案中,车上乘客唐高明在途中遭受人身伤亡,对于被保险人依法应对其承担的经济赔偿责任,上诉人根据承运人责任险保险合同的约定,应赔付的承运人责任险保险赔偿金为30万元。

被上诉人昌艳、唐超、唐明伟、王秀英答辩称:涉案交通事故受害人唐高明虽系被保险机动车桂CK1717车上乘客,但在交通事故发生时已经转化为第三人。原审法院对此予以认定是正确的,上诉人认为受害人不是第三人缺乏事实依据及法律依据:(1)原审中我方向法院提供的证人蒋曾华的讯问笔录已经证实事故发生后,他们发现肇事车辆的右后角下压着受害人唐高明的左腹部,几名证人出庭作证虽然没有正式看到受害人唐高明甩出车外的情况,但都证实肇事车辆侧翻后压着受害人及受害人的整个身体都在车下而不是拦腰卡住在右后车窗上的事实;(2)原审中我方提供的现场照片只反映了受害人死亡的情况及肇事车侧翻的事实,并未提供照片证实血迹所处位置的情况,被答辩人也未提供任何证据证实车外没有血迹的情形,况且车内的血迹也无法证实就是受害人唐高明留下的血迹,因此被答辩人以现场照片来说明受害人系在车内受伤明显证据不足,也不符合事实;(3)受害人的尸检报告显示受害人系胸部严重损伤死亡,四肢长骨未触及骨折,只能证实死因,并不能就此以四肢长骨未触及骨折而推断受害人不存在甩出情形。如果按照上诉人的说法,受害人系拦腰卡住在右后车窗上同车子一起翻倒在地上时,系在车内受伤死亡,我们照样可以推断受害人身上也应存在全身多处骨折尤其是腰椎骨折的情形,但是从尸检报告看也并未反映出来。由此来看,凭自己主观推测来断定受害人系车内死亡,是不客观的,也是对受害人不公平的;(4)为了更好地说明肇事车存在甩出乘客的事实,我方在今天的庭审中提供一份坐在肇事车后面左边最后位置的乘客邓一长的询问笔录,从这份笔录可以证实当时肇事车辆车身左右摇晃,驶出路外刮到一棵树后向右侧翻,证人邓一长从该车右后窗甩出车外摔倒在水沟里。由此可以看出同时坐在肇事车右面最后位置的受害人同样也存在甩出车外情形,只是因为受害人所坐位置离右后窗较近,受力相对较轻,甩出时就会离车近,最后在车子倒下来时被压在车下致死,并且还可以证实要是受害人唐高明拦腰卡住在右后车窗上的话,邓一长是甩不出车外的。从以上可以看出受害人在事故发生瞬间甩出车外并被肇事车压死的事实是客观存在的,证据也是充分的,上诉人并没有提供实际性的证据来推翻该事实,因此上诉人应在交强险限额 11 万元内及商业第三责任险 50 万元内承担赔偿责任。

被上诉人李前贵答辩称:受害人唐高明被事故车辆桂 CK1717 号客车右后角挤压死亡时,已由车上人员转化为第三者,是一个铁的事实。众所周知,公安交通管理机关作出的《道路交通事故认定书》载明的当事人身份的基本情况,是根据交通事故发生前当事人的交通方式分为机动车驾驶人、非机动车驾驶人、乘客、行人等,并不包括在交通事故发生过程中的当事人身份转化情形。故本案不能以全州县公安局交通管理大队〔2012〕第 076 号《道路交通事故认定书》载明唐高明系桂 CK1717 号客车乘客而否定唐高明在事故发生过程中已由车上人员转化为第三者的客观事实。一审判决认定唐高明从交通事故发生即被甩出车外的瞬间开始,就从车上人员转化成了第三者证据充分:(1)交警询问蒋曾华的笔录、证人吴志红、邓祖科的证言,充分证实事故车辆侧翻后,该车的右后角压住了唐高明腹部，且是附近的村民及部分乘客用树枝等工具撬动客车把唐高明拖出来的。上述证人证言虽然未能直接证实唐高明被压住身体的全部形态，但直接证实了唐高明腹部以上身体完全在车外；（2）尸检报告表明，解剖胸腹部见左第2、3、4、5、6前肋、锁骨中线处骨折，左右膈肌完全性破裂，脾脏、左肾上移至左胸腔，左肾包膜破裂，系胸部严重损伤死亡。从唐高明的损伤部位和损伤程度，完全可以得出事故车辆侧翻后唐高明已完全置身于车外，且被该车压住了身体大部分的结论，否则不会造成唐高明身体多肋骨折，多脏器移位的后果，完全能够排除唐高明在交通事故中身体被右后车窗拦腰卡住而被挤压致死的可能。

广西壮族自治区桂林市中级人民法院认为：一审判决认定唐高明在事故发生时被甩出车外，又被侧翻的事故车辆压住导致死亡，符合最高人民法院司法解释所称第三者情形，是根据一系列的证据综合分析后作出，而上诉人提出唐高明并未被甩出车外，而是被卡在车上的主张，并未提交任何证据予以佐证，纯属主观臆断，对其主张本院不予采信。

（二）在商业第三者险理赔时，是否应扣除20%的免赔

中国人民财产保险股份有限公司全州支公司上诉称：一审法院判决上诉人赔偿被上诉人经济损失560388元，属于认定事实错误。被保险机动车桂CK1717号车投保的商业第三者险未投保不计免赔特约保险，故上诉人以商业第三者险进行保险赔付时，需根据保险合同的约定，扣除免赔额。因被保险机动车驾驶员李前贵负事故全部责任，根据《机动车第三者责任保险条款》第9条第1项之约定，商业第三者险免赔率为20%，一审法院在认定上诉人的责任时亦未扣除。

被上诉人昌艳、唐超、唐明伟、王秀英答辩称：原审法院判决上诉人赔偿受害人经济损失共计560388元，扣除交强险110000元，上诉人应在商业第三者责任险赔付答辩人450388元，因肇事车未投保不计免赔及肇事司机对事故承担全部责任，上诉人应承担80%的赔偿责任即450388元×80%为360310.4元。现原审法院判决被答辩人460388元，其中交强险110000元，商业第三者责任险赔偿350388元，均在上述的扣除免赔率20%的赔偿范围内，因此原审法院判决是正确的。

被上诉人李前贵答辩称：一审法院判决上诉人赔偿被上诉人昌艳等经济损失560388元符合法律规定。答辩人于2012年1月3日为桂CK1717号客车向

上诉人投保了交强险，于2012年1月5日向上诉人投保机动车第三者责任险和道路客运承运人责任险，上诉人按规定收取保险费用后，只交给答辩人保险单和保险费发票，并没有将保险条款、批单、特别约定等交给答辩人，答辩人根本就不知道其保险条款规定的免赔情形和免赔率，且上诉人诉称的《机动车第三者责任险条款》系格式条款，上诉人在答辩人投保时既未向答辩人交付该条款，也未履行告知和说明义务，依法该条款不产生效力。本案受害人唐高明属于法律规定的第三者，那么上诉人首先应在交强险责任限额内承担赔偿责任，不足部分由上诉人在机动车第三者责任商业险责任限额内予以赔偿。本案被上诉人昌艳的经济损失总额为560388元，扣除交强险的赔偿责任限额110000元，不足部分为450388元。答辩人向上诉人投保的机动车第三者责任商业保险的责任限额为500000元，一审判决由上诉人赔偿被上诉人昌艳等经济损失560388元，没有超出交强险责任限额和商业第三者责任险限额的总和，完全符合法律规定。

广西壮族自治区桂林市中级人民法院认为：关于在机动车第三者责任险理赔时，是否应扣除20%的免赔问题。虽然上诉人提交的保单上有投保人声明的内容，但上面并无免责条款的相关内容，上诉人也未能提交证据证明其在签订合同时采取了《中华人民共和国保险法》第17条第2款规定的方式将有关免责条款的内容确已向投保人作出了明确的说明，因此该条款不产生效力。

（三）在计算赔偿数额时是否应采用2012年的新标准

一审法院认为：根据本案认定的事实，结合相关标准，原告昌艳、唐超、唐明伟的合理经济损失应为：(1)死亡赔偿金18854元/年×20年=377080元+被抚养人唐超生活费12848元/年×3年÷2人=19272元+被抚养人唐明伟生活费12848元/年×15年÷2人=96360元，合计492712元；(2)丧葬费2846/月×6个月=17076元；(3)原告办理丧葬事宜支出的交通费、住宿费及误工损失等费用600元；(4)精神损害抚慰金50000元。以上总计人民币560388元。扣除被告李前贵已向原告支付的赔偿款10万元，余款460388元应由被告中国人保财险全州支公司予以赔偿。被告李前贵要求其诉讼前向原告支付的赔偿款10万元应从赔偿总额中扣除，由被告中国人保财险全州支公司予以返还，鉴于该诉讼主张系一种抗辩而非反诉，故在本案中支持扣除而不支持返还，被告李前贵就此应另案追索。原告王秀英系死者唐高明的岳母，有其合法的赡养义务人，故对原告王秀英索赔扶养费10000元的诉讼请求不予支持。原告索赔办理丧事花费交通费、误工费、住宿费20000元而未提供证据,酌情支持600元。原告索赔商业经济损失费20万元,因无法律依据不予支持。原告索赔精神损失费10万元过高,结合本起交通事故致唐高明死亡给原告造成的精神损害及本地实际生活水平等情况支持5万元。

中国人民财产保险股份有限公司全州支公司上诉称:一审法院适用2012年新标准认定被上诉人的损失,不符合法律规定。根据《最高人民法院关于审理人身损害赔偿案件适用法律若干问题的解释》第35条的规定,适用新旧赔偿的标准分界点为法庭辩论终结前,本案一审开庭时间为6月19日,而新赔偿标准于7月1日起实施。因此,对于被上诉人的损失,应适用2011年的赔偿标准。

被上诉人昌艳、唐超、唐明伟、王秀英答辩称:原审法院判决时依照2012年新标准来认定答辩人的经济损失符合法律规定,按2012年标准计算答辩人的经济损失是正确的,应予以支持。一审开庭时间为7月6日,新赔偿标准从7月1日起施行。

广西壮族自治区桂林市中级人民法院指出:关于在计算赔偿数额时是否应采用2012年的新标准?上诉人承认,根据《最高人民法院关于审理人身损害赔偿案件适用法律若干问题的解释》第35条的规定,适用新旧赔偿标准的分界点为法庭辩论终结前。本案一审开庭时间在一审庭审笔录中清楚地记录为2012年7月6日,并非上诉人所称的6月19日,而新赔偿标准于7月1日起实施。因此,对于被上诉人的损失,应适用2012年的赔偿标准。

DISHIYIZHANG

第十一章

土地管理法

▶案例1:河北香河违法占用土地案 > > >

【案情简介】

河北省廊坊市香河县从2008年以来,打着城乡统筹、建设新农村的旗号,通过"以租代征"等方式,大规模"圈占"耕地。政府以极低的价格从农民手中租用土地后,经层层"包装",改变土地用途,以高价"倒卖"给开发商用于开发。农民"口粮田"被征占后,得到的补偿很少,生活难以为继,开始频繁上访。

2010年年底,香河县违法占用农村土地进行房地产等建设用地开发,并且采取以租代征的方式,给予失地农民补偿不足的问题,引起了国土资源部的高度重视。此后,香河土地风波经由新华社等媒体高度关注,事件持续发酵。

香河土地事件的政策背景,是源于2009年国土部门的一次用地制度改革。2009年3月31日下午,国土资源部党组成员冀文林通过电视电话会议,各省国土厅主要领导听取了名为"保增长保红线"改革发展大讨论的报告。在会议上,冀文林介绍了"双保"行动背景,是为应对2008年金融危机带来的消极影响,为此进行的"扩大内需、促进经济增长"的重要举措。会议指出,在坚守18亿亩耕地红线的前提下,有效保障扩大内需项目用地。由此各省纷纷出招,诸如成都"地票"、天津土地实验均在此背景下展开。

2009年4月中旬,河北国土资源厅开始着手落实"双保"行动,由此采取了一系列宽松政策:2009年河北省国土厅对59项行政许可项目和非行政许可事项再次清理,又下放15项,取消9项,合并减少7项,削减下放比例达52.5%。在程序上,城中村集体建设用地征收,由省厅审批,开始下放至市、县国土资源局负责审查,而省国土厅只需两项资料:一为项目建设用地地块坐标材料,二是批准征收用地的请示。香河在这场实验中,冲在了头阵。据媒体报道,2010年,户籍人口31万的香河获批的河北省周转建设用地指标、置换建设用地指标达3.5万亩。

河北香河土地违规系列问题彻查后,2011 年 5 月 25 日《中国经济时报》以《河北香河土地违规事件四大问题待解》为题梳理了事件留给人们的四个疑问:违规占地面积究竟是多少?被破坏的耕地如何恢复,如何弥补农民的损失?对"拆违"如何赔付?相关责任人如何处理?

【基本问题】

(一)耕地保护与建设用地供给不足之间的矛盾如何协调?

(二)是否符合土地征用的条件和程序?

(三)如何保障土地征收中农民的利益?

(四)违法占用的耕地如何恢复?

(五)应该如何追究地方政府有关部门的责任?

(六)土地违法事件的善后处理问题。

【讨论与分析】

(一)耕地保护与建设用地供给不足之间的矛盾

随着我国经济和社会的发展,耕地保护与城市化、工业化建设用地紧张之间的矛盾日益突出。2006 年,十届全国人大四次会议上通过的《国民经济和社会发展第十一个五年规划纲要》中首次出现 18 亿亩耕地红线的提法,18 亿亩耕地是一个具有法律效力的约束性指标,是不可逾越的一道红线。

18 亿亩耕地红线确定后,建设用地供应受到限制,导致房地产价格快速上涨,"买不起房"成为社会关注的重要民生问题。18 亿亩耕地红线还对很多地方的"土地财政"产生了直接的影响。据国务院发展研究中心的一份调研报告显示,在一些地方,土地直接税收及城市扩张带来的间接税收占地方预算内收入的 40%,而土地出让金净收入占政府预算外收入的 60% 以上。

地方政府为获得土地出让收益,凭借公权力通过土地征收,将集体所有的土地(农业用地、耕地)变为国有建设用地,进行招、拍、挂。在耕地占用补偿制度执行不力的情况下,耕地不断减少。

同时,在土地征收和拆迁中,一些地方政府,违背农民意愿、无视程序要求、补偿标准过低等现象和行为,使农民和其他土地使用权人的合法土地权益受到侵害。在土地财政机制下,保护耕地、保护农民的合法土地权益,只能流于空谈。

为了解决耕地保护和建设用地供应不足的矛盾,2008 年 6 月 27 日,国土资源部颁布了《城乡建设用地增减挂钩试点管理办法》。城乡建设用地增减挂钩,是指依据土地利用总体规划，将若干拟整理复垦为耕地的农村建设用地地块（即拆旧地块，主要是农民宅基地）和拟用于城镇建设的地块（即建新地块）等面积共同组成建新拆旧项目区（以下简称项目区），通过建新拆旧和土地整理复垦等措施，在保证项目区内各类土地面积平衡的基础上，最终实现增加耕地有效面积，提高耕地质量，节约集中利用建设用地，城乡用地布局更合理的目标。简单地说，通过农村居民集中居住（农民上楼），腾退了大量建设用地（原宅基地），将腾退的建设用地复垦为耕地，增加耕地面积；同时将节约出来的建设用地指标用于城镇建设。

围绕着城乡建设用地增减挂钩制度，各界争论很大。有些人认为，这种做法很好地解决了耕地保护和建设用地供应不足之间的矛盾。通过增减挂钩，增加了有效的建设用地供应，为城镇化、工业化的发展提供了土地资源，同时通过土地整理复垦，并没有使耕地减少。也有人认为，在城乡建设用地增减挂钩试点中，存在强迫农民上楼、补偿标准不合理、土地整理复垦不力等问题。

2010 年 11 月，中央农村工作领导小组副组长陈锡文公开批评国土部的城乡建设用地增减挂钩，在很多地方形成强迫农民上楼的局面。2010 年 12 月 27 日，国务院发出《关于严格规范城乡建设用地增减挂钩试点切实做好农村土地整治工作的通知》，通知指出：一些地方在农村土地整治过程中，进行了将通过整治节约的少部分农村建设用地以指标调剂的方式按规划调整到城镇使用的政策探索，开展城乡建设用地增减挂钩试点，对统筹城乡发展发挥了积极作用，但也出现了少数地方片面追求增加城镇建设用地指标、擅自开展增减挂钩试点和扩大试点范围、突破周转指标、违背农民意愿强拆强建等一些亟须规范的问题，侵害了农民权益，影响了土地管理秩序，必须采取有力措施，坚决予以纠正。

（二）土地征用的条件和程序

1. 土地征用的条件

根据我国土地管理法的规定，国家为了公共利益的需要，可以依法对集体所有的土地实行征用。征用土地时，由用地单位向被征用单位支付土地补偿费和安置补助费。从此，被征用者即丧失了土地所有权，被征用土地属国家所有，用地单位只有使用权。

土地征用的主要特征是：(1)具有强制性。(2)土地征用是土地所有权的转移，即由集体的土地转变为国有土地。(3)征用土地时用地单位必须按规定向被征用单位支付土地补偿费和安置补助费，妥善安置农民的生产和生活。

因此，土地征用的条件主要是以下两个。

一是，土地征用的目的，即为了公共利益的需要。公共利益的界定一直是一个颇具争议的问题。我国宪法、物权法、房地产管理法、土地管理法等都有“国家为了公共利益的需要，可以依法对土地实行征收或征用”的类似规定。直到2011年国务院出台《国有土地上房屋征收与补偿条例》，才对公共利益有了一个明确界定，参照《国有土地上房屋征收与补偿条例》第8条的规定，公共利益主要包括：(1)国防和外交的需要；(2)由政府组织实施的能源、交通、水利等基础设施建设的需要；(3)由政府组织实施的科技、教育、文化、卫生、体育、环境和资源保护、防灾减灾、文物保护、社会福利、市政公用等公共事业的需要；(4)由政府组织实施的保障性安居工程建设的需要；(5)由政府依照城乡规划法有关规定组织实施的对危房集中、基础设施落后等地段进行旧城区改建的需要；(6)法律、行政法规规定的其他公共利益的需要。

这一规定虽是决定房屋征收的条件，也对土地征用中的公共利益界定有一定的参考和借鉴意义。

二是，必须按规定向被征用单位支付土地补偿费和安置补助费，妥善安置农民的生产和生活。

在理解这一条件时，需要注意以下几个方面的问题。

第一，土地补偿费的支付对象是被征用单位。在农村土地征收中，由于我国土地管理法规定，农村土地属于农民集体所有。在我国较为普遍的情况是村民委员会代表村集体行使对土地的所有权。因此，农村集体土地被征收后，取得的土地补偿费应该属于村集体所有，由村民委员会依法受领和支配。我国土地管理法规定：被征地的农村集体经济组织应当将征收土地的补偿费用的收支状况向本集体经济组织的成员公布，接受监督。

为了发挥土地价值的最大化，提高农业生产的积极性，对于农民集体所有的土地，我国采取了家庭承包经营模式。为了鼓励农民对土地的长期投入，赋予农民长期而有保障的土地使用权，我国规定了较长的承包期。根据我国农村土地承包法第20条的规定，耕地的承包期为30年；草地的承包期为30年至50年；林地的承包期为30年至70年。经过长期对土地的占有、使用和经营，农民对于承包经营的土地已经产生了“我的土地”的所有权观念，加上农民与农村集体经济组织之间的信任危机，农民产生了强烈的瓜分土地补偿费的要求。因此，土地征用补偿费分配纠纷已经成为农村基层矛盾的最主要原因之一。

第二,安置补助费的支付对象是原承包经营被征收土地的农民。土地对于农民来说具有非常重要的意义,它是农民最基本的生产资料,是农民的就业和生活保障,承担着重要的社会保障功能。一旦失去土地,农民的生活就无法保障,因此必须对失地农民给予妥善的安置。目前我国法律规定以发放安置补助费的方式,用货币补偿失地农民。显然,即使不考虑目前补偿标准过低的问题,以货币方式一次性发放安置补助费,很难做到“妥善安置农民的生产和生活”。

2. 土地征用的程序

为了严格限制农用地转为建设用地,土地管理法对土地征用的程序和权限有非常严格的规定。

土地管理法第44条规定:建设占用土地,涉及农用地转为建设用地的,应当办理农用地转用审批手续。省、自治区、直辖市人民政府批准的道路、管线工程和大型基础设施建设项目、国务院批准的建设项目占用土地,涉及农用地转为建设用地的,由国务院批准。在土地利用总体规划确定的城市和村庄、集镇建设用地规模范围内,为实施该规划而将农用地转为建设用地的,按土地利用年度计划分批次由原批准土地利用总体规划的机关批准。在已批准的农用地转用范围内,具体建设项目用地可以由市、县人民政府批准。

土地管理法第45条规定:征收基本农田、基本农田以外的耕地超过三十五公顷的或其他土地超过七十公顷的,由国务院批准。

土地管理法第46条规定:国家征收土地的,依照法定程序批准后,由县级以上地方人民政府予以公告并组织实施。

土地管理法第48条规定:征地补偿安置方案确定后,有关地方人民政府应当公告,并听取被征地的农村集体经济组织和农民的意见。

有些地方政府为了绕开严格的土地征用程序要求和对审批权限的限定,往往采用“以租代征”的方式变相征用土地,改变土地用途。香河土地事件中,主要的违法行为就是“以租代征”,采用不正当的强制手段,夺取农民对土地的承包经营权。这种做法既违反了土地用途管制制度,也侵害了农民的合法土地权益。

(三)土地征用的补偿与失地农民安置

1. 补偿标准

在农用土地征用中应当支付的主要是两项补偿费用:土地补偿费和安置补

助费。我国目前相关法律对这两项费用的支付标准都有明确的规定。

我国土地管理法规定:征收耕地的土地补偿费,为该耕地被征收前三年平均年产值的6倍至10倍。征收耕地的安置补助费,按照需要安置的农业人口数计算。需要安置的农业人口数,按照被征收的耕地数量除以征地前被征收单位平均每人占有耕地的数量计算。每一个需要安置的农业人口的安置补助费标准,为该耕地被征收前三年平均年产值的4倍至6倍。征收其他土地的土地补偿费、安置补助费,由省、自治区、直辖市参照征收耕地的土地补偿费和安置补助费的标准规定。

此外,如果被征收的土地上有附着物还应当支付地上附着物和青苗的补偿费。土地管理法规定,被征用土地,在拟定征地协议以前已种植的青苗和已有的地上附着物,也应当酌情给予补偿。但是,在征地方案协商签订以后抢种的青苗、抢建的地上附着物,一律不予补偿。被征用土地上的附着物和青苗补偿标准,由省、自治区、直辖市规定。实践中,在征用前土地上长有的青苗,因征地施工被毁掉的,应由用地单位按照在田作物一季产量、产值计算,给予补偿。具体补偿标准,应根据当地实际情况而定。对于刚刚播种的农作物,按其一季产值的1/3补偿工本费,对于成长期的农作物,最高按一季产值补偿;对于粮食、油料和蔬菜青苗,能够得到收获的,不予补偿,不能收获的按一季补偿;对于多年生长的经济林木,要尽量移植,由用地单位支付移植费,如必须砍伐的,由用地单位按实际价值补偿,对于成材林木,由林权所有者自行砍伐,用地单位只付伐工工时费,不予补偿。

目前社会各界较为关注的是上述各项补偿费标准过低的问题。

首先,相对土地被征用后,政府的土地出让收益和土地开发的商业利润,农民和农村集体经济组织拿到的补偿费和安置补助费过低。由于各地略有差异,以河北省为例,根据法定的土地补偿费和安置补助费计算标准,农业用地的补偿总费用约5万元—10万元每亩。而土地被征收后性质变为国有土地,地方政府出让土地时,土地出让价格约为200万元—300万元每亩。房地产开发企业受让土地后,在土地上建设商品房或其他商业设施销售后,再次获得巨额商业利润。据国务院发展研究中心发布的调查结果:征地后,土地增值部分的收益分配中投资者拿走了大头,占40%—50%,政府拿走了20%—30%,村级组织留下了25%—30%,农民最终拿到的补偿款只占到整个土地增值收益的5%—10%。

其次,土地补偿费标准违背了市场机制。我国目前的土地补偿标准是按照被征收土地前三年平均产值计算的,在我国由于特殊的历史原因,农业生产的市场化程度是远远落后于我国其他产业的市场化程度的。对农民来说,农业生产投入的种子、化肥、农药等农业生产物资是充分尊重市场规律的市场化产物,而农业生产的产出品特别是粮食产品的销售不是完全市场化的。因此,借以计算的土地产值是不科学的。另一方面,失地农民用获得的土地补偿费和安置补助费购买的基本生活资料,也是充分市场化的产品。因此,非市场化标准计算的补偿费用于市场化的消费,相对就低多了。

最后,相对于土地对于农民的重要意义,农民获得的土地补偿费用过低了。土地是农民的基本生活保障,只要农民保有土地,他的基本生活就没有问题。如果失去土地,农民获得的补偿金和安置费不足以承担长期保障他们生活的功能。缺乏就业技能和市场化生存的农民,很难获得较为稳定的收入来源,很多地方失地农民的生活压力很大。

在香河土地事件中,由于采用的是"以租代征"的方式,绕开了土地征用和补偿,农民只能拿到1000余元每亩的"租金"。

2. 失地农民的安置

根据土地管理法有关规定精神,必须妥善安置农民的生产和生活,保证失地农民保持原有生活水平不降低。但是由于补偿标准过低、补偿方式单一、不科学,失地农民的安置存在很多问题。

例如,在香河的"新农村建设"中,农民腾出原宅基地和承包的耕地,住进集中居住的楼房,"上楼"之后没地可种了,"不给安排工作,光靠每年每亩地1200块钱,没法生存。"

一些地方政府在失地农民安置中充分尊重农民意愿,科学区分不同情况,采取货币安置、社会保险安置、就业安置、土地作价入股方式安置等多种方式安置失地农民。

(四)土地整理复垦问题

根据建设用地指标"增减挂钩"的试点政策办法,为确保耕地不减少,必须抓好土地整理复垦工作。

城乡建设用地增减挂钩政策的核心是在保证耕地不减少的情况下,增加建设用地供应。要实现政策目标关键是做好土地整理复垦。在农村建设用地腾退后,必须及时复垦,使其成为能够从事粮食生产的农业用地。

在香河土地事件被曝光后,2011年4月底至5月初,一场突击"复垦"的行动迅速铺开,许多土地在闲置了一年到五年之后,突然被旋耕,播上了玉米粒。在复垦的土地上,扒开土壤,结果发现,许多耕地看似已经播种,实际并没有种子。针对当地的土地复垦,农民说:"在宅基地上覆土,底下全是水泥、渣滓,不是土壤,长不出粮食。"与此同时,在这一片大约超过500亩的耕地上,难以看到完整的电线和电线杆,地上甚至还能看到被毁坏电线杆上的水泥块;机井或者被填埋,或者已经枯了,甚至结上了蜘蛛网。"没有水浇地,这里根本生产不了粮食。"

(五)土地执法问题

为保证土地管理法各项制度的落实,土地管理法规定了土地监督检查制度,土地行政主管部门是土地执法机关,并对其监督检查权限作了明确规定。

土地管理法第66条第1款规定:县级以上人民政府土地行政主管部门对违反土地管理法律、法规的行为进行监督检查。

土地管理法第67条规定:县级以上人民政府土地行政主管部门履行监督检查职责时,有权采取下列措施:

一是要求被检查的单位或者个人提供有关土地权利的文件和资料,进行查阅或者予以复制;

二是要求被检查的单位或者个人就有关土地权利的问题作出说明;

三是进入被检查单位或者个人非法占用的土地现场进行勘测;

四是责令非法占用土地的单位或者个人停止违反土地管理法律、法规的行为。

土地管理法第69条规定:有关单位和个人对县级以上人民政府土地行政主管部门就土地违法行为进行的监督检查应当支持与配合,并提供工作方便,不得拒绝与阻碍土地管理监督检查人员依法执行职务。

但是,在实践中,由于土地出让收益是地方政府重要的财政来源,建设用地指标又是地方政府招商引资的重要筹码。因此涉及土地利用特别是农用地转为建设用地的问题一般都是由地方政府主要领导决定的事情。隶属于地方政府的土地行政主管部门,难以对其形成有效的监督和制约,也难以及时查处、纠正土地违法行为。

(六)土地违法事件的善后处理

土地违法事件查处后除追究相关责任人的土地违法责任以外,还涉及多方面的善后处理。

在香河土地事件中,主要的善后事宜包括:

第一,已搬进"新民居"的农民的保障问题。在香河已经有不少村的农民在原宅基地和承包地被占用后,搬进了集中居住的"新民居"。"违建的厂子拆了,农民们没有地方上班了,地里全是水泥渣土,肯定没法种了,每年给农民 1200 元钱的租地者也都跑了,以后农民们要怎么办呢?"

第二,违法建筑的拆除及补偿问题。万科、绿地等知名地产商,都在香河投入巨资开发建设项目。在香河土地违法被查处后,各开发项目被要求停工或拆除。万科表示,他们都是通过公开交易市场获取土地,各项开发手续完备齐全,不明白为什么会被要求停工。如果地方政府真是"以租代征",且没有如实告知开发商,则其存在严重的违约及欺诈,由此给开发商造成的巨额损失,将在地方政府和开发商之间形成新的纠纷。用纳税人的钱为政府许可的"违建"埋单,当地多位农民多次表示很不满。

第三,违法占用的土地复耕问题。违法建筑拆除后,土地复耕为耕地,需要大量的投入。不仅需要清运渣土、覆盖新土,更需要恢复农田水利设施等相关配套,没有大量的资金投入和较长时间,不可能恢复土地原有的生产能力。

第四,购房者的补偿问题。香河土地违法违规案调查中,另一个棘手的问题是,在违规用地的土地上,已建成房屋已被出售的问题。国家土地督察局督察组在香河调查时发现:万科欢庆城项目一期 300 套房源,已经全部售出;万通地产开发的紫藤堡项目,其 200 余套房源也已被出售。这将导致违法占用地块无法恢复原状。如果不能提出适当的解决方案,数百名购房者又将成为下一个不稳定事件的源头。

如果不能妥善处理这些事项,土地违法行为的不良后果没有消除,土地管理秩序和社会秩序不能恢复,各种矛盾得不到解决,仍将出现严重的社会问题。

2011 年 5 月 24 日针对已查实的香河县土地违规问题,河北省监察厅等相关部门对 9 名相关责任人员作出处理:给予香河县政府县长张贵金行政记大过处分,并建议经由相关法律程序免去其香河县政府县长职务;撤销周春华香河县国土资源局局长职务;给予香河县政府副县长闫再兴行政记大过处分;对其他 6 名相关责任人分别给予党纪政纪处分或免职处理。

香河违法违规用地事件,给农民、地方政府、房地产开发企业、购房者等各方面都造成了巨大的甚至是不可挽回的损失,其造成的不良影响短时间内难以消除。特别是地方政府和房地产开发企业应该从中汲取教训,防止类似事件再发生。

▶案例2:杨运中与方城县董楼村四组、董付桂、余海涛土地承包合同纠纷一案 > > >

【案情简介】

2006年11月11日时任河南省南阳市杨集乡董楼村第四村民小组组长董付桂,在未召开村民大会或村民代表大会,未经四组村民同意的情况下,与杨运中签订荒山承包协议书一份,协议约定将属于董楼村四组集体所有的丹阳寺北坡荒山承包给杨运中,承包期限为30年,承包期自2006年11月至2036年11月10日。协议上董楼村四组代表董付桂,群众代表董玉兴、陈香签名。2001年3月30日董付桂作为杨集乡董楼村四组代表与余海涛作为乙方,在未召开村民大会或村民代表大会,未经四组村民同意的情况下,签订承包合同书一份。该承包合同约定:将属于董楼四组集体所有的丹阳寺地荒山承包给余海涛,承包期限为50年,承包期自2001年3月31日至2051年3月31日,协议上董付桂(贵)签名,余海涛签名,杨集乡村委加盖公章。该合同签订后,余海涛既未交承包费,也未按合同约定履行义务。2010年4月12日,董楼村四组以董付桂、杨运中,未经法定承包程序签订合同为由请求确认董付桂与被告杨运中2006年11月11日所签的《荒山承包协议书》无效。本案在审理中余海涛申请参加诉讼,要求确认董付桂与杨运中签订的承包合同无效,董楼村四组后也请求确认与余海涛签订的协议无效。

【基本问题】

集体土地对外发包有哪些规定?

【讨论与分析】

《中华人民共和国农村土地承包法》第48条规定:发包方将农村土地发包给本集体经济组织以外的单位或者个人承包,应当事先经本集体经济组织成员的村民会议三分之二以上成员或者三分之二以上村民代表的同意,并报乡(镇)人民政府批准。在本案中,董付桂以杨集乡董楼村第四村民小组组长的身份是没有权利代表集体对外签订土地承包合同的。杨运中及余海涛与村民小组签订的两份承包合同,均未召开村民代表大会或村民大会,并由三分之二以上代表或村民同意,因此村民小组诉请确认承包合同无效的理由是成立的。

DISHIERZHANG

第十二章

房地产法

▶案例 1:蔡珠祥、张好莲房屋拆迁补偿案 > > >

【案情简介】

蔡珠祥、张好莲夫妇是深圳市罗湖区蔡屋围村村民,1972 年夫妇赴港谋生,获得香港居民身份,失去了从村集体经济分红的权利。1997 年蔡珠祥筹资 120 万元(有相当部分是向同村村民借的)在自家宅基地上建起了自住加出租的六层小洋房。房屋建筑面积 779.81 平方米。此后,每月一万多元的租金是蔡珠祥家庭的主要收入。

2004 年 10 月 15 日,蔡屋围集团公司董事长蔡洪亮和京基公司签了房地产开发合同,近 4.6 万平方米土地(包括宅基地)已全部被卖掉。这里已经被规划为"深圳的华尔街",要建深圳的新地标——高 400 米的蔡屋围金融中心。

2005 年 11 月 11 日,蔡珠祥从《深圳特区报》看到了政府核发蔡屋围金融中心区改造项目《房屋拆迁许可证》的公告。拆迁方京基公司提出的拆迁安置补偿方案是可以按"一比一"选择回迁,其中的 120 平方米可以现房安置,现房安置可补偿 6500 元/平方米。

蔡珠祥和其他村民一样,都认为补偿不公,因为此时蔡屋围一带的二手物业每平方米均超过万元。拆迁工作陷入僵持。

2006 年 8 月,深圳市市长许宗衡调研蔡屋围拆迁难。村民代表提出造成拆迁难"四个不通":其一是法理不通,卖村民的祖宅和集体资产,村民事先却不知道;其二是保障不通,开发商的回迁承诺能不能实现没有保障;其三是价格不够公平,周围的房价那么高,给村民的补偿太低;第四是布局不通,给村民的回迁房结构设计、布局都有问题。

政府与开发商接受这一意见。2006 年 8 月 24 日,蔡屋围金融中心区拆迁工作组发布了"拆迁补偿优惠政策"。只要在 2006 年 9 月 15 日前与开发商签下补偿协议，京基公司对每栋再补30万元，深圳市罗湖区政府再给予每栋业主一次性补贴36万元。并且过渡期将月租金从25元/平方米提高到30元/平方米。如未在规定期内签下拆迁协议，将不再享受上述优惠政策，并严格执行裁决结果。

村民担心回迁房烂尾，深圳市政府就要求京基公司将4.5亿元存入深圳市国土局专用监管账户，在国土局监督下使用。蔡屋围金融中心区拆迁工作组还以政府公文的形式向每家每户作出承诺："如果该项目回迁房出现烂尾，（罗湖）区政府负责组织建设回迁安置房。"

村民担忧回迁房布局设计，政府就允许回迁村民公选自己的监管小组，监控开发商建造回迁房的布局与质量问题。后该民选监管小组多次监督开发商修改了回迁房设计图纸。

政府的努力、开发商的妥协，使大多数村民改变了主意。到2006年10月23日，蔡屋围386户业主中，已有95%以上签订了拆迁补偿安置协议，未签订协议的有16户。

其中蔡珠祥、张好莲夫妇不愿签的原因是："我没有村里的股权，只有这块宅基地。如果房子得不到公平补偿，那拆了就拆了，我什么都没有了。"他要求按1.2万/平方米进行现金补偿，遭到了京基公司的拒绝。

京基公司在同年9月，请中介机构对蔡氏夫妇的楼房进行评估，评估价为3998元/平方米，那时周边的房价为1.2万元/平方米。此后，开发商作了让步，把补偿价提至9000元/平方米。但蔡珠祥、张好莲夫妇还是不同意。

京基公司诉至国土局。2007年3月22日，国土局裁决：在裁决书生效后20天内搬出房子。

3月29日，张好莲以"阿香婆"的网名在奥一网上发帖《南方第一高楼之征地拆迁令我感到弱势》。立即引来媒体对"钉子户"新一轮的关注。因为蔡珠祥是香港居民，香港大小媒体更是蜂拥而至。

深圳市政府甚感压力。4月13日，深圳市政府在线发布了《蔡屋围金融中心改造项目依法拆迁情况》的新闻通稿。表态称："我办（拆迁办）希望拆迁当事人在法律规定的框架内，参照其他已签订协议的几百户业主的补偿标准，充分进行沟通协商，力争达成一致。若最终仍达不成协议，只能循法律途径解决，以维护已签订补偿安置协议的绝大多数被拆迁人的利益。"

蔡珠祥则把刚在3月15日通过的物权法作为尚方宝剑："新颁布的物权法

明确说明保护居民私有房产,我们这是在捍卫法律尊严。”但让他困惑的是:“物权法没有对公共利益作出详细规定。结果,在蔡屋围拆迁中,他们说,建金融中心是公共利益,个人利益要让步。但我认为,建金融中心就是商业利益,一定要给我合理补偿才行。”

也在这一期间,深圳房价不断飙升,蔡屋围周边房价已涨至2万元/平方米左右。蔡珠祥、张好莲夫妇提出,由于周边房价上涨,补偿应在1.8万元/平方米。网友惊呼,按这一要价,开发商补偿款将达1400万元!蔡珠祥理直气壮:“我卖的不只是房子,更是房产宅基地的永久使用权,是深圳最金贵的地段,物权法可以支持我的理由。”

5月13日,深圳市政府没有支持蔡氏夫妇的行政复议,维持了国土局的行政裁决。

6月18日,蔡珠祥把深圳市国土局告上法院。要求撤销房屋拆迁补偿行政裁决书。

蔡珠祥在诉状中称,按6500元/平方米的方案,市场价已涨至2.5万元/平方米,买不到原来三分之一的房子,是极不公平的。

这场官司蔡珠祥没有胜诉。相反,8月中旬,深圳市罗湖区法院受理了深圳市国土局的强制执行申请书。国土局的理由是“以避免公共利益及其他被拆迁人合法权益所受损失进一步扩大”。

8月18日,国土部要求各地禁止行政命令强制拆迁。

对蔡氏小楼强制拆迁一事就没了下文,其时包括蔡珠祥尚有三户钉子在工地中。9月21日,罗湖区法院和拆迁双方调解了4次。当晚7点,双方签下了那份天价拆迁补偿协议。9月22日,1200余万元补偿款打入蔡家账上。10月22日上午,开发商京基公司开始动手拆除这座6层高的农民房。

【基本问题】

(一)房屋拆迁补偿有哪些法律依据?

(二)“城中村”拆迁改造中主要存在哪些难点问题?

(三)城镇化建设中,地方政府和开发企业应遵循哪些程序?

【讨论与分析】

(一)相关法律依据

近年来随着城市房地产开发的热潮,“钉子户”频频见诸报端。由于法律法规不健全、部分地方政府和开发商操作不规范,在城市建设拆迁补偿问题上矛盾频发,成为影响社会稳定的主要因素之一。我国目前该领域的立法主要有《中华人民共和国物权法》《国有土地上房屋征收与补偿条例》等。

1. 物权法

物权法是保障权利人物权的基本法律,确立了保障房屋等不动产权利人受法律保护的基本原则。

物权法第 4 条规定:国家、集体、私人的物权和其他权利人的物权受法律保护,任何单位和个人不得侵犯。

物权法第 39 条规定:所有权人对自己的不动产或者动产,依法享有占有、使用、收益和处分的权利。

物权法第 42 条第 1 款规定:为了公共利益的需要,依照法律规定的权限和程序可以征收集体所有的土地和单位、个人的房屋及其他不动产。

物权法第 42 条第 3 款规定:征收单位、个人的房屋及其他不动产,应当依法给予拆迁补偿,维护被征收人的合法权益;征收个人住宅的,还应当保障被征收人的居住条件。

2. 征收补偿条例

国务院制定的《国有土地上房屋征收与补偿条例》(以下简称《征收补偿条例》)较为具体地规定了国有土地上房屋征收的主体、征收的条件和程序、补偿的范围和标准以及违法征收的法律责任。

(1)征收主体

《征收补偿条例》第 4 条第 1 款、第 2 款规定:市、县级人民政府负责本行政区域的房屋征收与补偿工作。市、县级人民政府确定的房屋征收部门组织实施本行政区域的房屋征收与补偿工作。

在征收与补偿工作的具体操作上,房屋征收部门可以委托房屋征收实施单位,承担房屋征收与补偿的具体工作。房屋征收实施单位不得以营利为目的。

(2)房屋征收的条件

《征收补偿条例》第 8 条规定:为了保障国家安全、促进国民经济和社会发展等公共利益的需要,有下列情形之一,确需征收房屋的,由市、县级人民政府作出房屋征收决定:

① 国防和外交的需要;

② 由政府组织实施的能源、交通、水利等基础设施建设的需要;

③ 由政府组织实施的科技、教育、文化、卫生、体育、环境和资源保护、防灾减灾、文物保护、社会福利、市政公用等公共事业的需要；

④ 由政府组织实施的保障性安居工程建设的需要；

⑤ 由政府依照城乡规划法有关规定组织实施的对危房集中、基础设施落后等地段进行旧城区改建的需要；

⑥ 法律、行政法规规定的其他公共利益的需要。

(3)制定补偿方案

符合征收条件，有权机关依法作出征收决定后，房屋征收部门应拟定征收补偿方案，报市、县级人民政府。市、县级人民政府应当组织有关部门对征收补偿方案进行论证并予以公布，征求公众意见。征求意见期限不得少于 30 日。并且应当将征求意见情况和根据公众意见修改的情况及时公布。必要时市、县级人民政府还应当组织由被征收人和公众代表参加的听证会，并根据听证会情况修改方案。

(4)补偿的范围、标准和方式

《征收补偿条例》第 17 条规定，对被征收人给予的补偿包括：

① 被征收房屋价值的补偿；

② 因征收房屋造成的搬迁、临时安置的补偿；

③ 因征收房屋造成的停产停业损失的补偿。

市、县级人民政府应当制定补助和奖励办法，对被征收人给予补助和奖励。

《征收补偿条例》第 19 条第 1 款规定：对被征收房屋价值的补偿，不得低于房屋征收决定公告之日被征收房屋类似房地产的市场价格。被征收房屋的价值，由具有相应资质的房地产价格评估机构按照房屋征收评估办法评估确定。

《征收补偿条例》第 21 条规定：被征收人可以选择货币补偿，也可以选择房屋产权调换。

被征收人选择房屋产权调换的，市、县级人民政府应当提供用于产权调换的房屋，并与被征收人计算、结清被征收房屋价值与用于产权调换房屋价值的差价。

因旧城区改建征收个人住宅，被征收人选择在改建地段进行房屋产权调换的，作出房屋征收决定的市、县级人民政府应当提供改建地段或者就近地段的房屋。

《征收补偿条例》还特别规定：实施房屋征收应当先补偿、后搬迁。任何单位和个人不得采取暴力、威胁或者违反规定中断供水、供热、供气、供电和道路通行等非法方式迫使被征收人搬迁。

(5)强制执行和救济措施

被征收人对市、县级人民政府作出的房屋征收决定或补偿决定不服的,可以依法申请行政复议,也可以依法提起行政诉讼。

被征收人在法定期限内不申请行政复议或者不提起行政诉讼,在补偿决定规定的期限内又不搬迁的,由作出房屋征收决定的市、县级人民政府依法申请人民法院强制执行。强制执行申请书应当附具补偿金额和专户存储账号、产权调换房屋和周转用房的地点和面积等材料。

3. 集体土地房屋拆迁补偿标准规定

在城市拆迁改造建设中,征收的房屋既包括国有土地上的房屋,也有集体土地上的房屋。目前,我国针对集体土地房屋拆迁补偿问题,尚没有法律法规层面的国家统一立法,只有北京、广州等一些地方制定的地方性法规。下面以《广州市集体土地房屋拆迁补偿标准规定》(以下简称《拆迁补偿标准》)为例,简要介绍其内容。

(1)拆迁补偿的范围

《拆迁补偿标准》规定,市辖区范围内拆迁集体土地房屋的,以农村集体房地产证或宅基地证作为补偿依据,按照本规定给予补偿。此外,未超过批准使用期限的临时建设房屋(但因城市规划、建设和管理需要城市规划部门已作出提前拆除决定而未按期拆除的除外)以及已依法取得建房批准文件但尚未建造完毕的房屋的已建部分也应当给予补偿。

但是,新房建成后应当拆除的旧房和地方政府建设通告或征收土地预公告发布后抢建的房屋不予补偿。

(2)拆迁补偿方式及标准

《拆迁补偿标准》第 8 条规定:拆迁集体土地住宅房屋的拆迁补偿方式分为货币补偿、产权调换和农民自建三种方式。

第一,货币补偿。实行货币补偿的,货币补偿金额根据被拆迁集体土地住宅房屋的重置成新价和宅基地土地使用权区位补偿价确定。

计算公式:货币补偿金额 = 被拆迁集体土地住宅房屋重置成新单价 × 被拆迁居住房屋建筑面积 + 宅基地土地使用权区位补偿单价 × 核定的补偿面积。

如被拆迁居住房屋建筑面积小于宅基地用地面积,按宅基地用地面积确定货币补偿金额。

被拆迁集体土地住宅房屋重置成新单价由评估确定。

为保证被拆迁人利益,《拆迁补偿标准》还规定了最低补偿金额,如果被拆人按照前述方法计算的补偿金额低于最低补偿金额的,按最低补偿金额予以补偿。

最低补偿金额计算公式:最低补偿金额 = 被拆迁集体土地住宅房屋重置成新单价 ×(被拆迁居住房屋建筑面积 - 核定的补偿面积)+ 集体土地住宅房屋拆迁最低补偿单价 × 核定的补偿面积

被拆迁人只有一处集体土地住宅房屋且人均建筑面积不足 25 平方米的,按人均 25 平方米的标准予以补偿。

第二,产权调换。实行产权调换的,拆迁人可以根据规划要求统一申请安置房建设用地,支付申请安置房用地的所有费用,并出资统一建设安置房;或者由拆迁人提供自有产权房屋安置被拆迁人。

实行产权调换的,被拆迁人的安置面积按照以下标准核定:

被拆除房屋的批准建筑面积低于 25 平方米/人的按人均 25 平方米核定,超过 40 平方米/人的按人均 40 平方米核定,在 25—40 平方米/人之间的按批准的建筑面积核定;2 人以下(含 2 人)的户,按 2 人核定;已婚并达到法定育龄夫妇尚未生育子女的按 3 人核定。

实行产权调换的,拆迁人与被拆迁人应当按照本规定有关条款规定的计算方式确定拆迁补偿金额,并与安置房的市场价格结算差额。

第三,农民自建。本村集体经济组织尚有宅基地,可以安排宅基地给被拆迁人自建住宅或由村集体经济组织统一建设住宅时:如由被拆迁人自建,拆迁人对被拆迁人按照被拆迁集体土地住宅房屋重置价给予补偿,对集体经济组织按照宅基地土地使用权区位补偿价给予补偿;如由村集体经济组织统一建设住宅,拆迁人将规定确定的拆迁补偿金给予村集体经济组织,由村集体经济组织将建成的安置房分配给被拆迁人。

本村集体经济组织尚有农用地,可转为非农建设用地供村集体经济组织统一建设安置住宅的,由拆迁人依法办理集体土地征收、农用地转建设用地等手续和支付相关费用,对村集体经济组织按照被拆迁集体土地住宅房屋重置成新价给予补偿。

(3)搬迁补助、临时安置补助

拆迁集体土地住宅房屋,拆迁人还应当给予被拆迁人搬迁补助费、过渡期内的临时安置补助费。

① 搬迁补助费标准、支付方式

拆迁人一次性给予被拆迁人每户500元的搬迁补助费,电话、有线电视迁移费、管道煤气安装费等,具体补偿标准按照物价部门的规定执行。

② 临时安置补助费标准、支付方式

实行产权调换的,拆迁人按核定的安置面积,自被拆迁人交付被拆迁房屋之日起,给予3个月临时安置补助费。

被拆迁人或村集体经济组织自行建设的,拆迁人按核定的安置面积,自被拆迁人交付被拆迁房屋之日起至安置房竣工之日止,按月支付临时安置补助费。

如无不可抗力的原因,安置房建设应于取得建设用地批准书之日起2年内完成。

被拆迁人使用拆迁人提供的周转房的,拆迁人不支付临时安置补助费,过渡期内的水电费由被拆迁人支付。

但水电费超过被拆迁房屋所在地段单价标准的,超出部分由拆迁人支付。

临时安置补助费按被拆迁地段同类房屋的市场租赁价格确定。

(4)非住宅房屋拆迁

拆迁已领取营业执照用于生产经营的房屋由拆迁人给予货币补偿,该补偿包括房屋补偿、停产停业补偿以及设备安装调试等其他补偿。

① 房屋补偿

经规划部门批准的生产经营房屋,按规划部门批准时所核定的具体使用功能、性质按重置成新评估给予补偿。

未经规划部门批准擅自改变使用功能用于生产经营的房屋,按照集体土地住宅房屋重置价结合成新评估给予补偿。

属于未超过批准使用期限用于生产经营的临时建设房屋,按照重置成新价、剩余使用期限评估确定。

② 停产停业损失的补偿标准

符合重建条件的企业,按评估机构评估确定的重建期核定停产、停业补偿时间。不符合重建条件企业的停产、停业损失补偿时间依据法定清算所需时间确定。

对符合重建条件的企业,停产、停业损失补偿标准可参照企业上年度月平均生产(经营)成本以及重置固定资产、技术改造和安置职工等费用支出情况确定;对不符合重建条件的企业停产、停业损失补偿标准,按企业因停产、停业导致的实际损失(包括安置职工所涉及的费用等)情况确定。

③ 其他补偿

被拆迁人设备搬迁和安装、调试的费用,按评估额给予补偿;被拆迁人的无法恢复使用的设备,按重置价格结合成新评估给予补偿。

(二)"城中村"问题的复杂性

"城中村"是我国城市化进程中出现的一种特有的现象,特别是在一些经济发达地区城市的建设面积迅速扩张,原先分布在城市周边的农村被纳入城市的版图,被高楼大厦所包围,成为了"都市里的村庄"。

城市化进程的加快,使一些处于城乡结合部的村庄,融入城区,成为"城中有村,村里有城,村外现代化,村里脏乱差"的地区,严重地阻碍了城市精神文明建设的普及与发展;不利于城市整体规划和建设。"城中村"在从乡村向城市转变过程中,因土地、户籍、人口等多方面均属城乡二元管理体制,没有完全纳入城市统一规划、建设和管理,其发展有很大的自发性和盲目性,在生产方式、生活方式、景观建设等各方面仍保留浓厚的农民特征,因而影响了城市基础设施布局,乃至城市整体规划的实施。"城中村"的长期存在,已经成为我国很多城市发展面临的一个难题。大量的"城中村"存在于都市之中,给城市建设和管理带来很大的负面影响,而改造"城中村"的难度极大,如何改造"城中村",是全国几乎所有城市都正在面临的重大课题。

1."城中村"的类型

通常所说的"城中村",仅指在经济快速发展、城市化不断推进的过程中,位于城区边缘农村被划入城区,在区域上已经成为城市的一部分,但在土地权属、户籍、行政管理体制上仍然保留着农村模式的村落。

单纯从土地的所有权状态来看"城中村"大体可分为以下三类。

(1)土地被国家全部征用,农民不再享有集体土地所有权,村已经被城市完全包围,原农民已全部转为居民,只是保留着农村传统的生活习惯。这是通常所说的广义上的"城中村",它经过改造已融入城市之中,不再是"城中村"改造的对象。

(2)土地大部分被征用,土地所有权部分属于国家所有,部分属于集体所有,但原农民未转为居民。

(3)已列入城市框架范围,土地全部仍属于集体所有。

后两种村的情形是狭义上的"城中村",是通常所说的要改造的"城中村"。

2. 城中村的土地使用权状态

在"城中村"由于规划失范、管理无序,存在大量违法使用土地的情形。

(1)大量违法违规建筑存在

在"城中村",私搭乱建,没有任何规划与建设部门的批准,基础设施配套不足、不科学,造成污水横流、垃圾遍地,居住环境恶劣,严重影响城市景观和形象。由于存在私搭乱建,建筑布局不合规划,建筑质量难以保障,造成街巷狭窄,埋下建设、消防等重大安全隐患。

(2)非法租赁土地

随着城市房地产开发热潮,国有土地出让市场价格一路攀升,具有区位优势的"城中村"土地,也具有了一定市场。受土地性质的限制,集体土地不能出让。但在巨额利润诱惑下,部分"城中村"基层组织或农民个人,违反土地管理有关法律政策,非法租赁土地,改变土地用途,用于建设经营性设施,扰乱土地管理秩序。

(3)用集体土地进行非法的房地产开发、经营

有些"城中村"利用村内集体企业和宅基地等建设用地,搞房地产开发,建设"小产权房",扰乱房地产市场。

3. "城中村"改造的方式

"城中村"是城市化进程中的历史产物,并且随着城市化的发展,新的"城中村"还将继续涌现,因此,研究如何改造"城中村"是一项长期的历史任务,必须给予高度重视。

当前,由于国家拆迁政策和土地政策的调整,居民和农民产权意识和维权意识的提高,拆迁、征地难度非常大。而"城中村"大都建筑密度很高,外来人口多,很多村民没有工作,很多还是靠出租违法建筑为生。不同"城中村"的房屋土地产权混乱,土地和宅基地城镇产权和农民产权都有。很多"城中村"还保留着乡、村行政建制,还有很多农民集体企业财产,是当地农民赖以为生的生存基础,处理这些财产,解决安置农民就业问题更是巨大的难题。这些都给"城中村"的改造增加了很多困难。因此,改造"城中村"必须坚持维护村民合法权益的原则。

维护集体经济和村民的合法权益,提升村民的生活质量,是"城中村"改造

成败的关键。在具体做法上，现在“城中村”表现的形态有以下几种，应根据不同形态的“城中村”采取不同的改造方式。

(1)土地已经全部收归国有的“城中村”

位于城市建成区内，早已没有农民户口和农业用地，早已改成街道办事处、居委会城镇管理，撤销了乡、村行政建制，已经没有农民集体财产和宅基地产权的地区。这类地区实际上等同于城市的危旧房改造区，适用《国有土地上房屋征收与补偿条例》。可以采用成片改造危旧房的有关政策，改善居住条件和居住环境。

(2)保留宅基地的“城中村”

村内已没有耕地。原自然村除宅基地以外的土地已被征用，变为城市建设用地，村内已无农民集体财产。虽然一些村已将农村村委会改为城市型居民委员会，农民也已农转非，成为城镇人口，但农民宅基地还未被征为国有，宅基地和房屋产权还是农民产权。对这些农民宅基地和房屋仍应按征用农民土地给予足够的补偿，拆迁房屋则可结合拆迁城镇私房和农民房的政策区别不同情况，制定相关补偿政策，妥善安置农民。特别是对无业、无生活来源的农转非人员，要建立相应社会保障制度。

(3)集体企业建设用地和宅基地都存在的“城中村”

“城中村”现有土地产权还属于农村集体所有，村民以非农收入为主。土地已经全部或大部分被国家征用，虽然村中农民已全部转为城市户口，但农民宅基地还未被征为国有，其土地本质仍未发生变化，这部分“村”至今仍然还是“村建制”，实行村的管理方式。甚至还有不少农民集体财产和村办企业经济实体。良好的区位条件和低廉的建设成本使“城中村”出租房屋比率相当高，房屋出租加上村里的分红收入，可以使村民们过上相当富裕的物质生活，有些村民的平均生活水准甚至已远远超过城市居民，很多农民也已有自己的企业，主要从事一些初级饮食娱乐、交通运输、建筑业、农副产品和蔬菜零售等行业，或是以房屋租赁为主收职业。这些地区的改造难度最大。市场经济使政府已不能像过去那样解决农民就业问题，货币安置又很难达到农民满意。因此这些地方不宜强行将村内土地征用为城镇国有土地，农民原有集体企业财产可以仍归农民所有，可以改组为集体所有制的商贸公司，人口就地消化，就业就地解决，土地产权性质不变，仍归集体所有。对需要占用的土地，还可以用土地入股或出租的方式，年年有收入 ，以保证征地居民的生活来源。

(4)农业用地和宅基地等建设用地都存在的"城中村"

还有部分耕地,仍是乡政府、村委会建制。还有不少人是农民户口,一些村落的农牧种植业仍占一定比重。这样的地区改造时,农民转为城市户口,乡政府改组为街道办事处、村委会改组为居委会,但土地产权和经济组织形式可以不变。原村集体所有财产、土地可以改组为农工贸股份公司,人员就业由农工贸股份公司就地解决,成为公司职员。可以用发展都市农业的办法,发展现代化农业、养殖业、农牧产品深加工及不影响城市景观和环境的其他农工贸产业,以使农民能利用原有土地资源,熟悉的工作技能融入城市生活。用都市农业改造"城中村"是成本最低、效果最好的改造办法。

但无论哪种改造方式,"城中村"改造都必须是由政府统一组织,统一规划,政府统一负责土地一级开发、征地拆迁和市政配套工程建设,除了原已批给开发商的土地外,基本上尽量不采取商业开发形式,以避免造成很多后遗症和遗留问题。应该调动当地居民的积极性,争取采用政府搞规划设计,完成市政管线道路,适当补贴,居民组织住房合作社自己建房的办法进行改造。建成的房子产权归居民自己,余房可以出租出售,以减少矛盾和改造难度。

(三)地方政府和开发企业应依法操作"城中村"改造项目

改造"城中村"对地方政府来说,既是改善城市环境、提升城市形象的要求,更是改善居民(农民)居住条件的民生大计。因此,地方政府必须在"城中村"改造中总结经验教训,努力担当,开拓工作思路,创新工作方法,兼顾和平衡各方利益,把好事办好。

从另外一个角度来说,随着城市土地资源的日益紧张,参与"城中村"改造项目是房地产开发企业很重要的业务领域。房地产开发企业也应该注重研究"城中村"改造项目的运作技巧。

1. 规范操作,严格按照法律政策规定的程序办事

对地方政府来说,"城中村"改造涉及部门多,利益矛盾尖锐,如果工作方法不科学,简单粗暴或操作不慎,极有可能导致社会不稳定事件。

有些地方政府,为避免消极不作为,不触及"城中村"改造,城市环境和居民生活品质差;有些地方政府,转移矛盾、转嫁风险,让开发商直接面对拆迁户,造成很多影响极其恶劣的"暴力拆迁"等恶性事件。

地方政府在"城中村"改造项目中,必须按照严密论证、统一规划、规范程序、依法推进的原则,制定科学可行的实施方案和各种预案,严格按照《征收补

偿条例》和地方相关政策规定,分步实施。

主要应当做到:

(1)在项目论证中,应当充分调研,积极了解掌握“城中村”居民的意志和诉求,尽可能提出各方都能满意的改造方案。

(2)征收补偿方案的制定应当民主、公开,根据《征收补偿条例》的规定,征收补偿方案应当公示,广泛征求群众意见,征求意见期限不得少于30日,并且应当将征求意见情况和根据公众意见修改的情况及时公布。必要时有关部门还应当组织由被征收人和公众代表参加的听证会,并根据听证会情况修改方案。

(3)实施房屋征收应当“先补偿、后搬迁”,妥善安置好拆迁居民生产、生活和就业,不能让拆迁改造影响到他们的生活。

(4)针对拆迁中可能出现的各种事件,应该依法制定科学、合理、有效的预案。畅通意见和诉求表达渠道,完善复议、信访、诉讼等各种权利救济机制。

2. 政府应当做好拆迁补偿安置及动员工作

《征收补偿条例》已有明确规定,市、县级人民政府负责本行政区域的房屋征收与补偿工作,市、县级人民政府确定的房屋征收部门组织实施本行政区域的房屋征收与补偿工作。因此,政府是拆迁的责任人,应该主动担当,做好拆迁补偿工作。

首先,政府及拆迁部门应当做好征收拆迁动员工作。积极与被拆迁者沟通,宣传讲解有关法律和政策,尽量消除对立、抵触情绪,防止出现“钉子户”。

其次,要充分保护被拆迁者法律权益。除了要依法依规足额补偿被拆迁者的损失外,还应当妥善安排好他们的生活,除了货币补偿外,应根据他们的实际情况和意愿采用就业安置、社会保险安置等多种办法,保证被拆迁者的生活。

最后,要引导被拆迁者依法依规提出合理诉求。依法适当处断不合理的补偿安置要求,疏导异议者理性表达意见和建议。

3. 提高规划的科学性、前瞻性,尽量防止新的“城中村”出现

城中村既是城乡二元化社会管理体制的历史原因,城市发展和建设规划不科学也是重要原因。

城市“摊大饼”式的发展方式,注定必将有农村不断纳入城市的版图,并被包裹其中,成为“城中村”。

在城市建设规划中,缺乏前瞻性,总是根据交通干道、商业中心布局等因素优先征收附近土地,其他边缘地块往往仍保留集体土地所有制。这就使城乡两种不同所有制形式的土地犬牙交错,交织在一起,为未来土地资源利用埋下了隐患。

4. 加强城中村土地利用、建设的监管执法

由于"城中村"改造的工作核心和难点主要是拆迁补偿。在很多地方"城中村"土地利用中存在严重违法乱建现象。这不仅给居民生活带来了巨大的安全隐患,破坏了居住环境,而且大大增加了拆迁成本和难度。因此,在尚未列入改造计划的"城中村"应当严格土地利用规划管理,加强违法建设监管执法。

▶案例2:××房地产开发有限公司上诉王××等确认拆迁补偿合同及建房合同无效纠纷一案 > > >

【案情简介】

××公司于2007年对涿州市华阳路北侧进行开发,坐落在该地块的土地原属涿州市××村民委员会集体所有。××公司于2007年2月7日经出让取得了该宗土地国有土地使用权证。××公司2008年准备开发时,因王甲×、王乙×、王丙×在此居住,于2008年5月20日双方签订了拆迁补偿协议,并由××村委会的党支部书记顿××给予担保,该协议载明"乙方(王甲×、王乙×、王丙×)有位于涿州市华阳路北侧房产壹拾陆间(正房为壹拾壹间、配房为伍间),占地5.8亩。甲方(××公司)2006年6月与××村委会达成协议,准备开发城中村的改造工程,乙方现位于甲方已征土地中附着物尚未拆除,达成协议:一、乙方占用此地(乙方要求按5.8亩总地亩数给付)及地上附着物共计合款伍佰万元。此款分为两部分,一部分为:壹佰伍拾万元给付乙方,另择地建门脸房一处(土地使用由××村委会和乙方具体商定)。二、乙方收到壹佰伍拾万元后立即搬迁,院内不动产要保持原样交付甲方,不得以任何借口阻止甲方顺利施工。三、该协议签订后,应自动履行,如有违约,可追究违约金,赔偿损失。"该协议加盖××公司印章,王甲×、王乙×、王丙×签名,顿××以担保人的身份签名。于同年同月同日××公司与王甲×又签订了一份"建房协议",该协议载明"一、甲方(××公司)、乙方(王甲×)在甲秀路东侧建门脸房一处,及在位于甲秀路西侧建住宅一处,合计1000平方米左右,折款180万元人民币(此款已包括在原500万

元之内)。二、土地使用由××村委会具体选定。三、竣工日期于2008年12月30日前。"该协议加盖××公司印章,王甲×签名,顿××以担保人的身份签名。上述拆迁补偿协议及建房协议签订后,××公司按约定给付了王甲×、王乙×、王丙×拆迁补偿款150万元,王甲×、王乙×、王丙×搬出,××公司对该地块进行了开发。之后,××公司又陆续给付王甲×、王乙×、王丙×拆迁补偿款90万元,共计给付拆迁补偿款240万元。尚欠260万元未给付。

此后××公司提交涿州市××社区居民委员会(原涿州市××村民委员)出具的证明"××公司所购华阳路与甲秀路的土地,面积2666.2平方米,此块土地原来住房有王甲×等8户"。××公司以此证明购买的该土地面积中包含王甲×的土地,与王甲×、王乙×、王丙×签订的补偿协议中的5.8亩土地根本不存在。××公司提交了保定××房地产评估有限责任公司出具的保×房估〔2004〕拆字第2号、第3号房地产评估报告,该报告系由涿州市××办事处委托对王甲×所有的房屋拆迁补偿价值的评估,第2号报告主要载明:对王甲×所有华阳路建筑面积为173.72平方米,土地使用权面积为382.5平方米,评估价值为132458元。第3号报告主要载明:建筑面积为168平方米,砖木结构,前脸铝合金门窗,土地使用权面积为382.5平方米,评估价值为178558元。以此证明王甲×、王乙×、王丙×土地使用权面积没有5.8亩,按5.8亩给付的拆迁费没有根据,××公司在欺诈的情况下签订的拆迁补偿协议和建房协议是无效的。

一审法院认定,××公司知道王甲×、王乙×、王丙×实际占有和使用的土地不足5.8亩,在此基础上根据合同的自愿原则签订了拆迁补偿协议,双方在签订协议时不存在欺诈行为。因此,驳回了××公司确认拆迁补偿协议无效的诉讼请求。建房协议约定建房的土地由××村委会负责,担保人顿××的担保是个人行为,代表不了集体经济组织。故该协议违反了国家利益,集体利益,××公司诉请建房合同无效的请求,予以支持。

××公司不服一审判决,上诉诉称:(1)被上诉人抓住我方急于开发的心理拒不拆迁影响我方工程进度,以此进行讹诈,我方无奈违心签订协议;(2)原审未认定"拆迁补偿协议书"为无效是错误的,由于被上诉人隐瞒土地实际亩数,将1.1亩说成5.8亩,并逼迫我方接受,事后经实地丈量上诉人才发现上当受骗,该协议书应为无效,不受法律保护;(3)拆迁补偿协议书和建房协议是同一关联的事实,原审认定拆迁补偿协议书有效,建房协议无效是相互矛盾的。

【基本问题】

（一）拆迁补偿协议是否无效？

（二）拆迁补偿协议有效与建房协议无效是否矛盾？

【讨论与分析】

根据合同法相关规定，导致合同无效的法定情形有：一方以欺诈、胁迫的手段订立合同损害国家利益的；恶意串通，损害国家、集体或者第三人利益；以合法形式掩盖非法目的；损害社会公共利益；违反法律、行政法规的强制性规定的。上诉人××公司未提交充分证据证实签订该协议时存在上述情形，故双方当事人订立的拆迁补偿协议书应为有效合同。被上诉人胁迫上诉人订立拆迁补偿协议书以及被上诉人隐瞒土地实际亩数的上诉理由，未提交证据证实；且即使该事实存在，亦属于合同法第54条规定的“重大误解”“乘人之危”等可撤销情形，但上诉人并未就此在一年的除斥期间内提起撤销之诉。此外，上诉人××公司与被上诉人签订拆迁补偿协议书时已经取得该土地的使用权证书，对土地面积应为明知，故上诉人现以对土地亩数不了解以及被上诉人胁迫等理由请求确认拆迁补偿协议书无效，没有事实及法律依据，原审认定拆迁补偿协议书为有效协议并无不妥。

关于建房协议的效力，因各方当事人签订该协议时约定占用集体土地，损害集体利益，原审认定无效并无不当，但该协议无效并不必然导致拆迁补偿协议无效。

DISHISANZHANG

第十三章

自然资源法

▶案例1:甘肃省青林矿业公司非法采矿案 > > >

【案情简介】

2011年7月以来,甘肃省青林矿业公司在仅取得金矿勘查许可证、尚未取得采矿许可证的情况下,在勘查区域内以采代探,擅自开采金矿资源。至国土资源主管部门调查前,已违法开采金矿石共计26200吨。

2011年8月,当地国土资源局责令该公司停止违法行为,将其违法采出的矿产品全部予以没收,并处罚款52.4万元。同时,责令该公司对造成破坏的地质环境予以恢复治理。

【基本问题】

(一)我国自然资源法的基本制度?

(二)我国自然资源管理职权的协调?

(三)自然资源法执法中存在的问题?

【讨论与分析】

(一)自然资源立法的基本制度

自然资源是人类赖以生存和发展的基本物质基础和环境,是经济与社会发展的基本要素。保护好自然资源,依法规范对自然资源的开发和利用,确保当前和长远的对自然资源的需要是社会管理的一项重要内容,也是社会主义法治的重要组成部分。

自然资源法是调整人们在开发、利用、保护和管理自然资源过程中发生的各种社会关系的法律规范的总称。按照保护的对象,自然资源法可分为土地法、水法、矿产资源法、水产资源法、森林法、草原法、海洋法、风景名胜区法、野生动植物资源法等。

我国十分重视自然资源立法，目前已经形成了较为完备的立法体系。我国自1984年颁布森林法以来，先后颁布了草原法、渔业法、矿产资源法、土地管理法、野生动物保护法、水法、水土保持法、煤炭法以及大量行政法规、行政规章和地方性法规。总体来说，我国已经形成了比较完善的、行业比较齐全的一系列单项自然资源法。

总体来看，我国自然资源法的基本制度包括以下几个方面。

1. 自然资源权属制度

我国宪法第9条明确规定："矿藏、水流、森林、山岭、草原、荒地、滩涂等自然资源，都属于国家所有，即全民所有；由法律规定属于集体所有的森林和山岭、草原、荒地、滩涂除外。""国家保障自然资源的合理利用，保护珍贵的动物和植物。禁止任何组织或者个人用任何手段侵占或者破坏自然资源。"宪法的这些规定奠定了我国自然资源权属制度的基础。

各种资源法都依据宪法的基本规定，分别明确规定了各类自然资源的权属关系。

(1)地权(土地所有权和使用权)

地权的权利体系包括土地所有权和土地使用权。依照宪法和土地管理法的规定，属于国家所有的土地是：城市市区的土地，属于国家所有的农村和城市郊区的土地，为了公共利益的需要依法征收的集体所有土地。任何组织或者个人不得侵占、买卖或者以其他形式非法转让国有土地。国家所有土地的所有权由国务院代表国家行使。依照宪法和土地管理法的规定，属于当地农民集体所有的土地是：国有土地以外的农村和城市郊区的土地，宅基地和自留地、自留山。依法属于农民集体所有的土地，根据当地实际情况可分别由乡(镇)农村集体经济组织、村集体经济组织、村民小组经营、管理。

土地使用权可以和土地所有权分离。国有土地使用权的分离方式主要是出让或划拨。农民集体所有的土地由本集体经济组织的成员承包经营，从事种植业、林业、畜牧业、渔业生产，土地承包经营期限为30年。在土地承包经营期限内，对个别承包经营者之间承包的土地进行适当调整的，或者是农民集体所有的土地由本集体经济组织以外的单位或者个人承包的，都必须经过村民会议三分之二以上成员或者三分之二以上村民代表的同意，并报乡(镇)人民政府批准。无论以何种方式取得国有或集体所有的土地使用权，土地使用权人有保护和按照法定或约定的用途合理利用土地的义务。

有关林权、草原权的权属问题的相关规定和基本原理与土地所有权、使用权的规定和原理大致相同。

(2)矿权

根据有关法律的规定,矿权的权利体系包括矿产资源所有权、探矿权和采矿权。矿产资源所有权是矿权的基础性权利,决定着其他权利的配置。矿产资源法规定,矿产资源属于国家所有,由国务院行使国家对矿产资源的所有权。地表或者地下的矿产资源的国家所有权,不因其所依附的土地的所有权或者使用权的不同而改变。凡是我国领域及管辖海域的矿产资源均属于国家所有。我国矿产资源国家所有权具有三个重要特征:主体的唯一性,客体的广泛性,权利的独立性。矿产资源的国家所有权是我国矿产资源开发利用制度和监督管理的重要法律基础。

探矿权,是指按法定条件和程序取得勘查许可证,在批准的勘查区块范围内和有效期限内,对批准的矿种及其伴生、共生矿产进行勘查的权利。依法取得勘查许可证的勘查主体为探矿权人。探矿权的权利内容主要为:取得探矿权的勘查主体有对一定区域内的一定勘查对象进行勘查行为的权利;任何单位和个人不得进入探矿权人已取得探矿权的区域对探矿权所指向的对象进行同一勘查目的的勘查行为,不得进行妨害探矿权人进行正常作业的活动,但国家另有规定的除外;探矿权人依据勘查行为所获得的勘探资料等,探矿权人依法享有所有权或法律规定的权利,可以依法进行有偿转让或以其他形式加以利用。

采矿权,是指按法定条件和程序取得采矿许可证,在批准的区域内(矿区范围)和有效期限内开采被许可的矿产及其共生、伴生矿产的权利。依法取得采矿许可证的单位和个人成为采矿权人。采矿权的权利内容主要为:取得采矿权的主体对一定区域内的一定种类的矿产进行采掘的权利;任何单位和个人不得进入他人已取得采矿权的区域对采矿权指向的矿产进行开采活动,不得进行其他妨碍采矿权人进行正常作业的活动,但国家另有规定的除外;采矿权人对其进行采掘而获得的矿产品,依法享有所有权或经营权,并可以依法进行有偿转让;对其享有的采矿权可以依法转让的权利。

(3)水权

水权,是指水的所有权和各种利用水的权利的总称。水权的法律特征主要有:第一,水权设立的有限性。任何自然资源,只有在人们有能力加以利用和控制的情况下,才能具有法律上的权属意义,对于那些尚不能控制的水,则难以设立水权。第二,水权客体的不确定性和不稳定性。水是一种流动的自然资源,具有循环再生的特点,由于水的流动,水权所针对的水在一定时期、一定区域内是不确定的,如属于国家所有的水,由于自然原因而流进集体所有的水库时,该水则成为集体所有权的客体,反之也是一样;同时,由于水按照自然周期的丰枯而变化,在丰水期一定水域的水十分丰富,在枯水期同一水域的水会十分亏欠,使水权的客体呈现不稳定性特征。第三,水权原理的公共性。水作为一种流动的自然资源,由于具有重复使用性和多功能性,因此,在水权的设置和取得、行使等方面,不是强调权利的排他性和垄断性,而是强调公共性,强调水权的享有者应水利同享、水害共担。水权的权利体系包括水所有权和取水权。

根据我国水法的规定,水的所有权分为两种:第一,水资源的国家所有权。对于水资源的国家所有权,不能简单归纳为占有、使用、收益和处分的权利,其主要内容包括国家对水资源统一调度和分配的权利,水资源开发利用和保护中的国家管理等。第二,水的集体所有权,即农业集体经济组织所有的水塘、水库中的水,属于集体所有。所谓集体所有的水塘、水库是指农民集体投资兴办的水塘、水库所拦蓄或引取的水;这些水是已经开发并从自然状态下分离出来的水,与自然状态下的水资源有所区别。水的集体所有权的内容主要是指集体组织对水的占有、使用、收益和处分的权利。

取水权,是指公民、法人或者其他组织按照国家取水许可制度和水资源有偿使用制度的规定,向水行政主管部门或者流域管理机构申请领取直接从江河、湖泊或地下取用水资源的许可证,并交纳水资源费后所获得的取用水资源的权利。

直接从江河、湖泊或地下取用水资源,一般是指利用引水渠道、水闸、泵站等水工程以及机械提水设备,取得水资源的活动。少量取水不需要申请取水许可证。例如:为家庭生活、畜禽饮用取水;为农业灌溉少量取水;用人力、畜力或者其他方法少量取水等。

(4)渔业权

渔业权,是指进行渔业生产的活动所应当取得的权利。根据我国渔业法的规定,它主要包括养殖权、捕捞权等。渔业权主要意味着权利人经行政许可可以进行采捕、养殖水生动植物的行为,并通过这些行为对渔获物进一步享有物的所有权。基于此,渔业权是一种区别于民法物权的特别物权,是由渔业法予以特别规范、赋予特定名称和专门内容的资源物权。

渔业权可分为养殖权和捕捞权。

养殖权，是指权利人经过批准，在国家和集体所有并确定可以用于养殖业的水域和滩涂从事养殖经营的权利。渔业法规定，单位和个人使用国家规划确定用于养殖业的全民所有的水域、滩涂的，使用者应当向县级以上地方人民政府渔业行政主管部门提出申请，由本级人民政府核发养殖证，许可使用该水域、滩涂从事养殖生产。集体所有的或者全民所有的由农业集体经济组织使用的水域、滩涂，可以由个人或集体承包，从事养殖生产。从事养殖生产应当保护水域生态环境，科学确定养殖密度，合理投饵、施肥、使用药物，不得造成水域的环境污染。

捕捞权，是指单位或个人依法经过有关部门的批准在规定的海域从事捕捞水生动植物的活动的权利。渔业法明确规定了捕捞许可证发放的条件：有渔业船舶检验证书；有渔业船舶登记证书；符合国务院渔业行政主管部门规定的其他条件。渔业法规定，海洋大型拖网、围网作业以及到我国与有关国家缔结的协定确定的共同管理的海域或者公海从事捕捞作业的捕捞许可证，由国务院渔业行政主管部门批准发放。其他渔业作业的捕捞许可证，由县级以上地方人民政府渔业行政主管部门批准发放。县级以上地方人民政府渔业行政主管部门批准发放的捕捞许可证，应当与上级人民政府渔业行政主管部门下达的捕捞限额指标相适应。

2. 自然资源开发利用统一规划制度

多数自然资源具有不可再生性和稀缺性的特点，合理开发和利用宝贵的自然资源是保障人类社会可持续发展的基础。必须通过规划，科学合理地开发、利用、保护、节约自然资源，才能保障生态、经济和社会的协调发展。我国各种自然资源法律制度都确定了自然资源开发利用的统一规划制度。

土地管理法设专章规定了土地利用总体规划。土地利用总体规划是从全局的和长远的利益出发，以区域内全部土地为对象，对土地利用、开发、整治、保护等方面所作的统筹安排。土地规划纲要是在一定区域内，根据国家社会经济可持续发展的要求和当地自然、经济、社会条件，对土地的开发、利用、治理、保护在空间上、时间上所作的总体安排和布局，是国家实行土地用途管制的基础。

森林法规定，各级人民政府应当制定林业长远规划。国有林业企业事业单位和自然保护区，应当根据林业长远规划，编制森林经营方案，报上级主管部门批准后实行。

矿产资源法规定了矿产资源规划的基本方针：国家对矿产资源的勘查、开发实行统一规划、合理布局、综合勘查、合理开采和综合利用的方针。

水法第二章规定了水资源规划制度。开发、利用、节约、保护水资源和防治水害，应当按照流域、区域统一制定规划；规划分为流域规划和区域规划。流域规划包括流域综合规划和流域专业规划；区域规划包括区域综合规划和区域专业规划。综合规划，是指根据经济社会发展需要和水资源开发利用现状编制的开发、利用、节约、保护水资源和防治水害的总体部署。专业规划，是指防洪、治涝、灌溉、航运、供水、水力发电、竹木流放、渔业、水资源保护、水土保持、防沙治沙、节约用水等规划。

草原法第20条明确规定："草原保护、建设、利用规划应当与土地利用总体规划相衔接，与环境保护规划、水土保持规划、防沙治沙规划、水资源规划、林业长远规划、城市总体规划、村庄和集镇规划以及其他有关规划相协调。"

可见，资源开发利用的统一规划制度是我国自然资源法的基本制度。这一基本制度明确了中央及地方政府在自然资源规划中的职责；要求资源的所有者、开发者、利用者等相关主体严格执行规划的责任。

3. 资源开发利用许可制度

资源利用的许可制度，是指各种自然资源的县级以上地方人民政府的行政主管部门，根据资源开发利用者的申请，经审查依法准许其从事资源开发利用的行为并颁发许可证（如采伐许可证、取水许可证、勘查许可证、采矿许可证、河道采砂许可证、捕捞许可证、养殖证等）。这项制度是现代国家管理自然资源的重要手段，是世界各国通行的做法。

4. 资源利用禁限制度

资源利用中的禁限制度，是指自然资源法根据自然资源的特点和保护自然资源的需要，对于开发利用资源的行为方式、利用对象、利用时间、利用范围、利用工具所规定的禁止和限制的制度。为了防止自然资源的退化，实现自然资源的可持续利用，以法律的方式强制性地禁止和限制一定的资源利用方式，是维系人与自然之间协调发展的重要内容。基于此，资源禁限制度成为自然资源法基本制度的重要组成部分。

依禁限内容为标准，资源禁限制度可以分为：资源用途的禁限，利用工具的禁限，利用方式的禁限，利用时间的禁限，利用区域的禁限，利用对象的禁限等。

各类自然资源法根据资源管理的需要，具体规定了各类禁限制度。例如，土地管理法中规定的土地用途管制制度，通过编制土地利用规划划定土地利用区，确定土地使用限制条件，土地所有者、使用者必须严格按照国家确定的用途利用土地，违者将受到严厉处罚。森林法确定的森林年采伐限额制度，是国家根据用材林的消耗量低于生产量的原则，严格控制森林年采伐量所确定的最高年采伐限额，年度木材生产计划不得超过批准的年采伐限额。再如，森林法第31条规定了不同林种的森林采伐的法定方式，采伐者必须遵守。草原法中为保护草原规定了一系列的"禁止"和"限制"的要求。渔业法第25条规定，从事捕捞作业的单位和个人，必须按照捕捞许可证关于作业类型、场所、时限、渔具数量和捕捞限额的规定作业，等等。

5. 资源利用中的补救、补偿制度

(1)资源补救制度

资源补救制度，是指自然资源保护法为保护自然资源而设立的，对因一定原因而造成的自然资源的损害或破坏，要求一定主体必须以补救、恢复自然资源为内容的义务或责任制度。资源补救制度的意义在于以法律的强制力直接实施可持续发展战略。由于自然资源的整体性、有限性和可变性，自然资源遭受的损害不是以简单的货币补偿就可以弥补其实际损失的。例如森林的乱砍滥伐，以货币赔偿为内容的赔偿，仅是林木作为木材的价值，而森林再生能力的减弱，森林作为动物栖息地，绿化环境、涵养水土、调节气候等保护生态和环境的功能的丧失是无法以货币计量的，也不是货币能赔偿的；由于自然资源的损害，不仅是权益主体的利益损失，更是人类社会的重大损害。因此，仅以货币赔偿不能补偿人类社会所受的损害。设立资源补救制度的核心内容，在于强制义务或责任主体在自然资源遭受损害时，必须以实际行为来恢复、更新、补救自然资源本身，其不仅仅是为了资源权益主体的个体利益，更是为了保护自然资源和生态环境，维护人类社会与自然的和谐关系，实现人类的可持续发展。

有关资源补救制度，在我国土地管理法中设立的土地资源的补救制度有耕地开垦、土地复垦、土地治理、资源复原等制度。我国水法中设立的水资源的补救有影响水运资源的补救、影响渔业资源的补救、影响用水和水量的补救、影响地下水的补救。我国森林法、草原法中设立的森林和草原资源的补救制度有更新造林、林木补种、恢复植被等。

(2)资源补偿制度

资源利用中的补偿，是指在资源利用活动中，因合法的资源利用而对他人相应的损失应给予的补偿。资源利用的补偿不同于民法中的违法或违约而造成的损害赔偿。资源利用中的补偿是合法行为应承担的责任和义务,如征用土地应给予相应的补偿等。另外,资源利用补偿也不同于资源补救,二者的区别是:第一,二者设立的依据不同,设立补救义务是基于资源损害和公共利益损害,目的在于保护资源,维护环境;设立补偿义务的依据是个体利益的损害,其目的在于保护一定社会主体的个体利益。第二,二者的义务内容不同,补救义务的内容在于补救资源,补偿义务的内容补偿利用损失。第三,履行原则不同,资源补救最终必须实际履行,不能以金钱内容替代;补偿义务则可以以金钱内容予以履行。

6. 资源综合利用制度

资源综合利用制度,包括法律关于开展资源综合利用的原则、措施、办法和程序等规定的一整套准则。资源综合利用,是指根据资源的特性、功能及赋存形式和分布条件,采取各种科学的手段和方法,对其进行综合开发、合理和充分利用,变一用为多用、小用为大用、无用为有用、有害为有利,实现物尽其用。资源综合利用包括:在开发各种自然资源过程中的综合利用;在生产过程中对原材料和能源的综合利用;生产、流通和消费过程中的废旧物资的回收利用。

根据我国现行法律、法规的规定,资源综合利用制度包括以下主要内容:国家鼓励企业积极开展资源综合利用,对资源综合利用的生产和建设在税收、价格、投资、财政、信贷等方面实行优惠政策;企业必须执行治理污染和综合利用相结合的方针;开展资源综合利用应严格按照国家标准、行业标准或地方标准组织生产,对没有上述标准的产品必须制定企业标准。

7. 资源管理监督检查制度

为建立依法合理开发、利用、保护、节约和管理自然资源的稳定、有效机制,土地管理法、草原法、水法等一些自然资源立法,设专章规定了监督检查制度。这些法律规定,国务院有关自然资源行政主管部门和县级以上地方人民政府有关自然资源行政主管部门设立自然资源监督管理机构,负责自然资源法律、法规执行情况的监督检查,对违反自然资源法律、法规的行为进行查处。同时规定:自然资源监督检查人员履行法律规定的监督检查职责时,有权采取一些措施;要求有关单位和个人对监督检查人员的监督检查工作应当给予支持、配合,不得拒绝或者阻碍自然资源监督检查人员依法执行职务;监督检查人员在履行监督检查职责时,应当向被检查单位和个人出示执法证件。自然资源执法监督检查制度的实施，促进了对自然资源依法管理，是实现自然资源依法合理开发利用的保障性措施。

（二）资源管理权的矛盾与协调

中国幅员辽阔，自然资源非常丰富。中国各类型土地资源都有分布；水能资源居世界第一位；是世界上拥有野生动物种类最多的国家之一；几乎具有北半球的全部植被类型；矿产资源丰富，品种齐全。但是，中国的自然资源人均占有量相对较低，切实、有效保护自然资源，保证自然资源的合理开发和利用，是实施可持续发展战略，实现人与自然和谐共处的基本要求。但是在我国自然资源法律实施方面，还存在着诸多问题，严重影响着自然资源的合理开发和利用。

由于我国自然资源立法实行的是针对自然资源的品类进行分别立法的立法模式，整个自然资源领域尚无一部统一的综合性法律，这就造成了在各品类自然资源管理中分别设有相关的行政主管机关。例如土地管理法第5条规定"国务院土地行政主管部门统一负责全国土地的管理和监督工作"；水法规定"国家对水资源实行流域管理与行政区域管理相结合的管理体制；国务院水行政主管部门负责全国水资源的统一管理和监督工作；国务院水行政主管部门在国家确定重要的江河、湖泊设立的流域管理机构，在所管辖的范围内行使法律、行政法规规定和国务院水行政主管部门授予的水资源管理和监督的职责。县级以上地方人民政府水行政主管部门按照规定的权限，负责本行政区域内水资源的统一管理和监督工作"；矿产资源法规定："国务院地质矿产主管部门主管全国矿产资源勘查、开采的监督管理工作"，1998年地质矿产部与其他国务院职能部门共同组建了国土资源部。此外，森林、草原、野生动植物、渔业等资源也都有相应的行政主管部门。

可见，我国目前尚没有建立资源综合管理体制，未能建立所有自然资源的统一管理。由于各资源管理机构的职能，是其自行设计而成，这就造成了不同资源管理机构之间职能的重复、交叉。与此同时，各资源管理机构也会存在部分管理职能的缺位或弱化或职责不清，造成实质上的监管真空。

此外，由于各级政府在资源管理职权上的划分不科学，在资源管理上中央和地方尚未建立起一种良好的相辅相成关系。特别是地方政府出于地方短期利益的考虑，直接导致资源的掠夺式开发和利用，地方资源管理不能很好体现中央集中管理的基本精神。

（三）自然资源执法中存在的问题及其克服

在本案例中，甘肃省青林矿业公司非法采矿行为，在被国土资源部门查处前，已经开采金矿石共计26200吨，并且对地质环境造成了严重破坏。为避免类似违法行为发生，并且尽可能挽回其对资源和环境造成的影响，在自然资源管理中应注意以下几个问题。

一是完善和加强日常性自然资源监督检查制度，确保能及时发现自然资源开发利用中的违法行为。这就要求一方面加强自然资源监督检查执法队伍建设，提高执法能力和执法水平；另一方面必须建立自然资源执法的日常巡视制度。

二是严格法律责任，提高违法成本。本案例中除了全部没收违法采出的矿产品外，还对违法单位处以52.4万元的罚款。通常罚款的数额是与违法采矿非法所得相关的，但是由于违法采矿的非法所得往往难以查实，这就容易造成罚款不足以遏制和惩处违法行为。这就要求在法律责任追究中，应完善和加强调查取证机制、方法，准确掌握违法犯罪所得，以确保罚款的处罚方式能够有效打击违法行为。此外，如果非法采矿情节严重，构成犯罪的，在刑事责任追究中应依法采取双罚制，提高违法犯罪的成本。

三是严格执行资源补救制度，要求违法单位对造成破坏的地质环境予以恢复治理。如果违法行为造成了地质和环境的破坏，应当将资源补救制度作为最重要的制裁措施，明确地质环境恢复的措施方式和成果形式，通过严格的全程监督和验收确保资源补救的效果。

▶案例2：茅德贤、成县茨坝须弥山实业有限公司、甘肃有色地质勘查局106队、成县恒兴矿业有限公司与白银有色金属公司采矿权纠纷案 > > >

【案情简介】

1998年9月2日，白银有色金属公司取得国土资源部颁发的证号为1000009820009的《采矿许可证》。该许可证载明：采矿许可证有效期为1998年9月至2013年9月，生产规模为66万吨/年，矿区面积1.44平方公里，开采深度1375－700米标高。其范围拐点坐标为：1.3756848（X）、35563555（Y）；2.3756500（X）、35563810（Y）；3.3757000（X）、35565410（Y）；4.3757335（X）、

35565500(Y);5. 3757765(X)、35564810(Y);6. 3758065(X)、35564885(Y);7. 3758175(X)、35564590(Y);8. 3757300(X)、35564130(Y);9. 3757000(X)、35563855(Y)。(该案涉及的盗采点均在范围坐标内)

2006年10月22日,白银公司在对其管护区内王家沟一民采矿硐进行巡查监测时,发现在Ⅲ2矿体102地质勘探线附近有新近焊堵的钢筋栅栏。次日,白银公司拆除栅栏后发现有大规模越界开采区域,被告30余名工作人员在白银公司所属的Ⅰ号矿体区域进行大规模的盗采活动,在现场抓获了正在实施盗采活动的黄渚选矿厂的3名工人赖丁谊、赖丁诚和苏世赟,在该3名正在实施盗采工作的工人的带领下,对盗采现场进行了实地探查,并同步进行了现场摄像。当日,白银公司即向有关行政主管部门予以汇报。2006年10月28日,陇南市国土资源局与成县国土资源局组成了陇南市县联合调查小组赶赴盗采矿区进行现场实地勘探调查。2006年11月24日,由甘肃省国土资源厅牵头再次组成了省、市、县三级政府和各职能部门共同参加的联合调查组对被告盗采情况进行调查。

在调查期间,调查组委托白银公司工程测量人员对23日发现的3个盗采采场进行了实测:(1)在Ⅰ号矿体区域已经形成长约80.6米的回采矿房,利用浅孔压矿,采场内有9个出矿短穿,压矿高度达10米,平均采幅7米,已开采至97地质勘探线附近。(2)在Ⅲ2号矿体105线附近勘查到正在掘进的斜上山、下斜井、大型车场、巷场、大量0.75M3矿车和比较完善规范的通风、供风、供电、供水、通信、运输系统,已经形成高6米、采幅3米、采场长度50米的规模采场。(3)在越界采矿区域的标高为1190m的Ⅲ2矿体,有一采场长度为30m,宽度为6—8m,高度为16m,有5个出矿口,矿石品位10%以上,爆落的矿石已基本出空,对盗采情形调查小组进行了实地拍照。2006年11月23日,依据调查组的指示和实际测量结果,白银公司形成实测资料报告和3个盗采采场的水平平面图。根据该测量结果,Ⅰ号矿体(97线采场)被盗采矿量为14508吨,Ⅲ2号矿体(105线采场)被盗采矿量为2700吨,Ⅲ2号矿体(109线采场)被盗采矿量为10080吨。3个采场损失矿量合计:27288吨。

2006年10月,白银公司与案外人交易的5张增值税专用发票显示当期锌精矿的交易价格分别为21954元/吨、21971元/吨、22831元/吨、21971元/吨、21992元/吨,平均价格为22143.8元/吨。2006年10月,白银公司与案外人交易的两张增值税专用发票显示当期铅精矿的交易价格分别为:11380元/吨、

11440元/吨、11380元/吨、11340元/吨、平均价格为11385元/吨。

2006年11月23日至11月30日期间,经调查组核实越界开采主体是须弥山公司徐明山铅锌矿。越界开采地段为Ⅲ2矿体102线至109线(含105线Ⅲ2矿体和109线Ⅲ2矿体两处)和Ⅰ矿体97线一带。

2006年11月7日,甘肃省成县国土资源局发出成国土资字〔2006〕153号《关于再次限期清理疏通柒家沟口采矿坑道的通知》,要求须弥山公司于11月11日前将其采矿坑道全部疏通;2006年11月20日,该局再次发出成国土资字〔2006〕160号《关于加快限期清理疏通柒家沟口采矿坑道的通知》称:"我局已于2006年10月31日和11月7日先后两次通知你矿对采矿坑道内全部崩塌封堵段落清理疏通,并将疏通情况书面报告我局,但你矿至今未报清障情况。现再次通知你矿,接此通知后三日内疏通坑道。"

2006年11月25日,甘肃省地质矿产勘查开发局第一地质矿产勘查院(以下简称一勘院)对涉案采空区资源量估算,出具了《厂坝铅锌矿97线、105线(标高1190米)采空区资源量估算报告》(以下简称《估算报告》)。该报告估算有两部分:"一、105线(标高1190)采场,二、97线采场。"将白银公司起诉的三处盗采地点与之对比得知:(1)该报告"一、105线(标高1190)采场"部分,实际上是白银公司起诉主张的109线Ⅲ2号矿体部分;(2)该报告中"二、97线采场"实际上是白银公司起诉主张的Ⅰ号矿体部分,报告申明"97线采场因封堵无法现场进行勘查";(3)白银公司主张的105线Ⅲ2号矿体部分在该报告中没有提及。

2006年11月28日,茅德贤在"越界开采调查平面图"上签字确认,并由黄渚选矿厂加盖公章确认。

2007年9月13日,陇南市国土资源局作出陇国土资罚〔2007〕2号《矿产资源行政处罚决定书》,以须弥山公司自2006年以来超越批准的矿区范围,进入李家沟矿区范围采矿,违反了相关法规为由,对其作出行政处罚:"1. 没收越界开采的矿石量4907吨,折合人民币1048135元;2. 并处以违法所得5%的罚款52407元。"从恒兴公司提交的证据七中显示,该行政处罚认定越界开采矿石量4907吨包括两部分,一是《估算报告》认定的109线Ⅲ2号矿体的矿量2005.36吨,二是对白银公司主张的97线Ⅰ号矿体14508吨矿量乘以20%得出的2901.6吨。

2008年10月27日,因越界开采造成损失,白银公司向原审法院提起诉讼称：其所有的李家沟铅锌矿地处甘肃省成县黄渚镇，1998 年 9 月 2 日由国土资源部颁发了证号为 1000009820009 的《采矿许可证》，有效期为 1998 年 9 月至 2013 年 9 月。2006 年 10 月 22 日，白银公司在对管护区内王家沟一民采矿硐进行监测时，发现Ⅲ2 矿体 102 地质勘探线、105 地质勘探线一带，以及 97 地质勘探线附近有越界开采活动，立即向各级政府部门报告，请求相关部门进行调查。同年 11 月 23 日至 11 月 30 日，甘肃省国土资源厅会同甘肃省安监局、陇南市国土资源局、陇南市安监局、成县人民政府、成县国土资源局等有关单位组成联合调查组对越界开采情况进行了现场调查，查明越界开采的主体是须弥山公司徐明山铅锌矿，越界开采地段为Ⅲ2 矿体 102 线至 109 线和Ⅰ矿体 97 线一带。经过测算，被开采矿石量为 27288 吨。须弥山公司徐明山铅锌矿系三被告共同所有，2003 年 11 月 24 日，黄渚选矿厂、须弥山公司、106 队三家签订《联合探矿协议》，连同须弥山公司《甘肃成县茨坝须弥山铅锌矿普查》项目一并纳入，三方所占探矿比例分别为 45%、35%、20%；2004 年 10 月 10 日，由须弥山公司申请取得须弥山公司徐明山铅锌矿《采矿许可证》。

黄渚选矿厂系由黄渚镇政府、天水市北道区矿业开发公司、苟辉等 19 个自然人、陇南地委劳动服务公司等多家主体共同投资设立的联营企业；2002 年 12 月 1 日，陇南地委劳动服务公司收到返还的联营出资款 30 万元；2004 年 4 月 28 日，黄渚选矿厂出资者成县黄渚镇政府与茅德贤签订《关于成县黄渚选矿厂（一车间）全部资产转让合同》；2004 年 3 月 16 日，黄渚选矿厂出资者天水市北道区矿业开发公司与茅德贤签订《关于成县黄渚选矿厂（二车间）全部资产转让合同》；2004 年 4 月 8 日，苟辉等 19 人与茅德贤签订《关于成县黄渚镇铅锌选矿厂个人转让股份的协议》。该工商档案还证明：从 2004 年年底至 2007 年黄渚选矿厂被注销前，该厂已经成为茅德贤为唯一出资人的个人企业。2007 年 10 月 17 日，黄渚选矿厂被注销，债权债务未清理。2007 年 10 月 15 日，黄渚选矿厂向成县工商行政管理局出具证明，内容为“原成县黄渚铅锌选矿厂办理的安全生产许可证、采矿许可证、污染物排放许可证，现由成县恒兴矿业有限公司使用”。

2007 年 10 月 25 日，恒兴公司成立，注册资金为 1100 万元，系由甘肃锌宇矿业有限公司投资控股设立的子公司，以铅锌矿采选、销售为一体的有限公司。其中：甘肃锌宇矿业有限公司出资 660 万元，占企业总投资的 60%。茅德贤出资 440 万元，占总投资的 40%。

根据上述事实，被告之越界开采行为已构成对白银公司依法取得采矿权的严重侵害，故请求人民法院判令四被告共同赔偿白银公司损失5234.85万元并承担本案全部诉讼费。

另查明：2007年5月21日，甘肃省白银市中级人民法院就白银公司申请破产事宜作出〔2007〕白中民破字第2号民事裁定：宣告白银公司破产还债。2007年11月20日，该院作出〔2007〕白中民破字第2-2号民事裁定："一、宣告白银公司破产还债程序终结……三、清算组继续履行法定职责。"

【基本问题】

（一）白银公司清算组和茅德贤的诉讼主体是否适格问题？

（二）四被告是否侵犯白银公司清算组采矿权、是否应当承担民事责任的问题？

（三）关于赔偿数额的问题。

【讨论与分析】

（一）关于白银公司清算组和茅德贤的诉讼主体是否适格问题

本案越界开采行为发生在白银公司李家沟铅锌矿，该矿《采矿许可证》载明的采矿权人为白银公司。2007年5月21日，甘肃省白银市中级人民法院以〔2007〕白中民破字第2号民事裁定宣告其破产还债后，依法成立白银公司清算组对破产企业财产行使管理权。在破产程序终结后，该清算组并未撤销，由白银市中级人民法院裁定继续履行职责。故对于越界开采行为，白银公司清算组以其名义向人民法院提起诉讼，符合《中华人民共和国民事诉讼法》第108条的规定，其作为原告的诉讼主体适格。

黄渚选矿厂在其法人营业执照上记载的是联营企业，但是截止到2004年4月底，黄渚铅锌选矿厂其他出资人的出资已全部转让给了茅德贤个人。2006年10月23日本案侵权纠纷发生时，黄渚选矿厂系茅德贤个人所有，该厂被注销后债权债务应由茅德贤个人承担。白银公司清算组向茅德贤主张权利符合法律规定，并无不当。

（二）关于四被告是否侵犯白银公司清算组采矿权、是否应当承担民事责任的问题

法庭审理过程中，四被告对侵权事实的真实存在均不持异议，只是对各自应否承担民事责任提出了意见。须弥山公司和恒兴公司提出，盗采事件已经行政主管部门处罚过，根据一事不二罚的原则，白银公司清算组无权提出民事赔偿诉求。该院认为，一事不二罚是行政处罚法的基本原则，指行政机关不能就

同一行政违法事实进行两次处罚。本案白银公司清算组提出的是民事侵权赔偿诉讼,与行政处罚是两个不同的法律关系。陇南市国土资源局根据《中华人民共和国矿产资源法》相关规定对须弥山公司作出了行政处罚,但该行政处罚仅是须弥山公司因违反行政法所承担的责任,并不能代替其应当承担的其他法律责任。同时,根据《中华人民共和国行政处罚法》第 7 条关于"公民、法人或者其他组织因违法受到行政处罚,其违法行为对他人造成损害的,应当依法承担民事责任"之规定,白银公司清算组提出民事侵权赔偿之诉符合法律规定。

(三)关于赔偿数额的问题

民事赔偿数额的大小取决于侵权损失的大小。侵权损失的确定在本案集中在两个方面:首先是盗采矿量的确认;其次是盗采矿石价格的确认。

关于被盗采矿量的问题。白银公司清算组主张的 27288 吨矿石的损失是在联合调查组调查期间其对盗采现场进行实测取得各项数据后,根据 106 队上报国家矿产储量委员会审核过的地质报告中确定的矿石品位及计算公式严格计算出来的,数据的取得和计算方式是客观真实和较为全面的。

关于铅精矿和锌精矿的价格问题。被告质疑不应按市场价格赔偿,就此问题在《中华人民共和国侵权责任法》中已有较为明确的规定,即侵犯财产权的以被侵权财产的市场价格进行赔偿。白银公司清算组对于铅精矿、锌精矿的购买价格所作的解释是合理的。白银公司清算组提交的铅精矿和锌精矿发票均是 1996 年 10 月份当期与案外人的市场交易价格,属于侵权行为发生当时的市场价格,其计算方法是将铅精矿和锌精矿的四个单价分别相加后,再以总价格除以四得出的当期市场平均价格,符合侵权责任法关于侵犯财产权损失以被侵犯财产当期市场价格计算的精神。

DISHISIZHANG

第十四章

财政税收法

▶案例:北京现代沃尔经贸有限责任公司诉国家财政部政府采购案 > > >

【案情简介】

2003 年 9 月,国务院批准了发改委、卫生部编制的《突发公共卫生事件医疗救治体系建设规划》。2003 年 10 月,国家发改委、卫生部委托两家采购代理机构——国信招标有限责任公司和中国远东国际贸易总公司,分别对医疗救治体系项目进行公开招标,采购相关仪器设备。

2004 年 10 月 29 日、2004 年 11 月 19 日先后开标合计 586 台,价值高达 114 亿元的血气分析仪采购项目中,现代沃尔在两次投标报价中均为最低,却都未中标。

现代沃尔于 2004 年 12 月 21 日向财政部投诉。财政部受理投诉后,将现代沃尔的投诉信及相关材料转交发改委稽查办处理,并要求发改委稽查办处理后将结果抄送财政部。按照北京市高院的终审判决,财政部受理了现代沃尔公司对政府采购存在问题的投诉,并于 2013 年 5 月 13 日作出《财政部投诉处理决定书》,其中指出“投诉人所投产品不符合招标文件实质性要求”。但财政部未将上述情况告知现代沃尔。

对于这一处理决定,沃尔公司认为该决定缺乏依据且认定事实自相矛盾,因此再次将财政部告上法庭,并将卫计委、发改委和中国远东国际贸易总公司三家单位列为第三人。

现代沃尔认为财政部在法定 30 天时间内未能作出处理决定,也没有给予答复,从而于 2005 年 3 月 23 日提起行政诉讼,将财政部告上法庭。

2006 年 12 月 8 日,北京市第一中级人民法院作出一审判决,法院认为财政部未履行法定职责,判决财政部败诉。2006 年 12 月 22 日,财政部向北京市高级人民法院提出上诉,要求撤销一审判决。2007 年 6 月 7 日,北京市高级人民法院公开审理了此案。

财政部认为,现代沃尔投诉的项目,是国家医疗救治体系项目的一个组成部分,属于国家重大建设项目。对此类项目招标投标活动的投诉,依照《招标投标法》《关于国务院有关部门实施招标投标活动行政监督的职责分工的意见》(以下简称“《意见》”)和《国家重大建设项目招标投标监督暂行办法》(以下简称“《办法》”)的明确规定,应由国家发改委受理并作出处理决定,并非如一审判决认定的“属于财政部的监督管理权限范围”。

对此,现代沃尔的代理人、北京市辽海律师事务所高级律师谷辽海反驳称,财政部笼统地认为本案争议的采购对象属于重大项目,但究竟什么是重大项目呢?财政部并没有提供事实材料和法律依据进行证明。

而现行的政府采购法却明确规定,各级财政部门对货物、工程和服务的政府采购活动负有法定的监管职责,其中什么是货物,什么是工程,什么是服务均有明确的界定,不存在任何争议。

2012 年 11 月 21 日,北京市高级人民法院对此案作出终审判决,驳回上诉,维持一审法院判决。

按照北京市高院的终审判决,财政部受理了现代沃尔公司对政府采购存在问题的投诉,并于 2013 年 5 月 13 日作出《财政部投诉处理决定书》,其中指出“投诉人所投产品不符合招标文件实质性要求”。

对于这一处理决定,沃尔公司认为该决定缺乏依据且认定事实自相矛盾,因此再次将财政部告上法庭,并将卫计委、发改委和中国远东国际贸易总公司二家单位列为第三人。沃尔公司的起诉被北京市一中院驳回。2014 年 2 月,沃尔公司的上诉已被北京市高院受理。

【基本问题】

(一)政府采购法律规制的重要意义是什么?

(二)政府采购的范围有哪些?

(三)政府采购的方式是什么?

(四)政府采购的程序是什么?

(五)政府采购合同的基本法律问题是什么?

(六)政府采购救济、监管及法律责任是什么?

(七)政府采购中的不正当竞争问题有哪些?

【讨论与分析】

(一)政府采购法律规制的重要意义

财政,是指国家和其他公共团体为满足公共欲望而取得、使用和管理资财的活动的总称。财政在宏观调控和保障社会稳定方面都具有重要的作用。财政法是调整在国家为了满足公共欲望而取得、使用和管理资财的过程中发生的社会关系的法律规范的总称。它是经济法的重要部门,在宏观调控和保障社会公平方面具有重要的作用。

我国目前财政法的体系,包括财政管理基本法、财政收入法和财政支出法三个部分。我国财政收支实行预算管理,因此预算法是从总体上对财政收支活动进行规范的法,它是财政管理基本法,是财政法的基础。从财政收入角度来说,税收和国债是国家获得财政收入的重要来源,因此税法和国债法是调整财政收入关系的法律。从财政支出角度讲,财政支出的最重要途径是政府采购和转移支付,因而政府采购法和转移支付法是调整财政支出管理关系的重要部门法。

所谓政府采购,是指政府为了实现公共目的,按照法定的方式和程序,以购买者身份购进货物、工程和服务的行为。2002 年 6 月 29 日,全国人大常委会通过了《中华人民共和国政府采购法》,此后,财政部又发布了《政府采购信息公告管理办法》《中央单位政府采购管理实施办法》等配套规章,它们共同构成了我国的政府采购法律制度。我国现行政府采购法律制度包括:政府采购范围、政府采购方式、政府采购程序、政府采购合同、质疑与投诉、政府采购监管及法律责任等重要制度。

(二)政府采购范围(目录)

我国政府采购法第 7 条规定:政府采购实行集中采购和分散采购相结合。集中采购的范围由省级以上人民政府公布的集中采购目录确定。属于中央预算的政府采购项目,其集中采购目录由国务院确定并公布;属于地方预算的政府采购项目,其集中采购目录由省、自治区、直辖市人民政府或者其授权的机构确定并公布。纳入集中采购目录的政府采购项目,应当实行集中采购。

因此,我国政府采购的货物、工程和服务的范围是由政府采购目录来确定的。

以《中央预算单位 2013—2014 年政府集中采购目录及标准》为例,中央预算单位采购范围包括 3 大类:1. 货物类,包括计算机、复印机、复印纸、乘用车、办公家具等24种;2. 工程类,包括建设、装修、拆除、修缮4种;3. 服务类,包括车辆维修、保险、加油、印刷、会议、物业等8种。

(三)政府采购的方式

依据我国政府采购法第26条的规定,我国政府采购主要包括以下几个方式。

(1)公开招标

公开招标是指招标人在公开媒介上以招标公告的方式邀请不特定的法人或其他组织参与投标,并在符合条件的投标人中择优选择中标人的一种招标方式。公开招标是政府采购主要采购方式,公开招标与其他采购方式不是并行的关系。

公开招标的具体数额标准,属于中央预算的政府采购项目,由国务院规定;属于地方预算的政府采购项目,由省、自治区、直辖市人民政府规定;因特殊情况需要采用公开招标以外的采购方式的,应当在采购活动开始前获得设区的市、自治州以上人民政府采购监督管理部门的批准。

采购人不得将应当以公开招标方式采购的货物或者服务化整为零或者以其他任何方式规避公开招标采购。

(2)邀请招标

邀请招标也称选择性招标,由采购人根据供应商或承包商的资信和业绩,选择一定数目的法人或其他组织(不能少于3家),向其发出招标邀请书,邀请他们参加投标竞争,从中选定中标的供应商。

采用邀请招标的条件:一是具有特殊性,只能从有限范围的供应商处采购的;二是采用公开招标方式的费用占政府采购项目总价值的比例过大的。

(3)竞争性谈判

竞争性谈判指采购人或代理机构通过与多家供应商(不少于3家)进行谈判,最后从中确定中标供应商。

采用竞争性谈判的条件:一是招标后没有供应商投标或者没有合格标的或者重新招标未能成立的;二是技术复杂或者性质特殊,不能确定详细规格或者具体要求的;三是采用招标所需时间不能满足用户紧急需要的;四是不能事先计算出价格总额的。

(4)单一来源采购

单一来源采购也称直接采购,是指达到了限额标准和公开招标数额标准,但所购商品的来源渠道单一，或属专利、首次制造、合同追加、原有采购项目的后续扩充和发生了不可预见紧急情况不能从其他供应商处采购等情况。该采购方式的最主要特点是没有竞争性。

单一来源采购的适用条件是：(1)只能从唯一供应商处采购的；(2)发生了不可预见的紧急情况不能从其他供应商处采购的；(3)必须保证原有采购项目一致性或者服务配套的要求，需要继续从原供应商处添购，且添购资金总额不超过原合同采购金额10%的。

(5)询价

询价是指采购人向有关供应商发出询价单让其报价，在报价基础上进行比较并确定最优供应商的一种采购方式。

询价的适用条件是：当采购的货物规格、标准统一、现货货源充足且价格变化幅度小的政府采购项目，可以采用询价方式采购。

(6)其他方式

对于不适宜采用上述方式采购的，可以采用国务院政府采购监督管理部门认定的其他采购方式。

(四)政府采购的程序

严格的程序性，是政府采购的重要特点，我国政府采购制度的程序性要求包括：

1. 列入预算是政府采购的程序起点

政府采购法第33条规定：负有编制部门预算职责的部门在编制下一财政年度部门预算时，应当将该财政年度政府采购的项目及资金预算列出，报本级财政部门汇总。部门预算的审批，按预算管理权限和程序进行。

2. 邀请招标的程序要求

政府采购法第34条规定：货物或者服务项目采取邀请招标方式采购的，采购人应当从符合相应资格条件的供应商中，通过随机方式选择三家以上的供应商，并向其发出投标邀请书。

3. 公开招标的程序要求

第一，实行招标方式采购的，自招标文件开始发出之日起至投标人提交投标文件截止之日止，不得少于20日。

第二，废标的情形主要包括：(1)符合专业条件的供应商或者对招标文件作实质响应的供应商不足三家的；(2)出现影响采购公正的违法、违规行为的；

(3)投标人的报价均超过了采购预算,采购人不能支付的;(4)因重大变故,采购任务取消的。

废标后,采购人应当将废标理由通知所有投标人。废标后,除采购任务取消情形外,应当重新组织招标;需要采取其他方式采购的,应当在采购活动开始前获得设区的市、自治州以上人民政府采购监督管理部门或者政府有关部门批准。

4. 竞争性谈判的程序要求

(1)成立谈判小组。谈判小组由采购人的代表和有关专家共3人以上的单数组成,其中专家的人数不得少于成员总数的三分之二。

(2)制定谈判文件。谈判文件应当明确谈判程序、谈判内容、合同草案的条款以及评定成交的标准等事项。

(3)确定邀请参加谈判的供应商名单。谈判小组从符合相应资格条件的供应商名单中确定不少于3家的供应商参加谈判,并向其提供谈判文件。

(4)谈判。谈判小组所有成员集中与单一供应商分别进行谈判。在谈判中,谈判的任何一方不得透露与谈判有关的其他供应商的技术资料、价格和其他信息。谈判文件有实质性变动的,谈判小组应当以书面形式通知所有参加谈判的供应商。

(5)确定成交供应商。谈判结束后,谈判小组应当要求所有参加谈判的供应商在规定时间内进行最后报价,采购人从谈判小组提出的成交候选人中根据符合采购需求、质量和服务相等且报价最低的原则确定成交供应商,并将结果通知所有参加谈判的未成交的供应商。

5. 询价方式采购程序要求

(1)成立询价小组。询价小组由采购人的代表和有关专家共3人以上的单数组成,其中专家的人数不得少于成员总数的三分之二。询价小组应当对采购项目的价格构成和评定成交的标准等事项作出规定。

(2)确定被询价的供应商名单。询价小组根据采购需求,从符合相应资格条件的供应商名单中确定不少于3家的供应商,并向其发出询价通知书让其报价。

(3)询价。询价小组要求被询价的供应商一次报出不得更改的价格。

(4)确定成交供应商。采购人根据符合采购需求、质量和服务相等且报价最低的原则确定成交供应商,并将结果通知所有被询价的未成交的供应商。

此外,政府采购法还对政府采购合同履约情况的验收、采购文件的保管等制度规定了严格的程序要求。

(五)政府采购合同基本法律问题

1. 政府采购合同性质和法律适用

采购人和供应商之间的权利和义务,应当按照平等、自愿的原则以合同方式约定,政府采购合同适用合同法的有关规定,因此政府采购合同从本质上,仍具有民事合同的性质。

2. 政府采购合同的条款

一般来说,合同由当事人自愿签订,合同的内容也应当由当事人约定。按照合同法的规定,合同内容一般包括当事人的名称或者姓名和住所,标的,数量,质量,价款或者报酬,履行期限、地点和方式,违约责任,解决争议的方法。但是,采购人在开展政府采购活动过程中,必须严格执行法定的采购方式和采购程序,不能随心所欲。因此,政府采购合同的主要内容,也就不能像一般民事合同那样由采购人与供应商随意确定,其主要内容必须有所限制。基于上述原因,政府采购法对政府采购合同的主要内容作出了特殊规定,要求财政部会同国务院有关部门规定政府采购合同必须具备的条款。

3. 政府采购合同的形式和备案

政府采购合同应当采用书面形式,政府采购合同自签订之日起 7 个工作日内,采购人应当将合同副本报同级政府采购监督管理部门和有关部门备案。

(六)政府采购救济、监管及法律责任

1. 质疑与投诉

为确保政府采购的公平性,政府采购法规定了质疑与投诉程序,供应商可以对采购人或采购代理机构的采购活动提出质疑。

政府采购法规定:供应商认为采购文件、采购过程和中标、成交结果使自己的权益受到损害或对政府采购活动事项有其他疑问的,可以在知道或者应知其权益受到损害之日起 7 个工作日内,以书面形式向采购人提出质疑。供应商,可以向采购人提出询问,采购人应当在收到供应商的书面质疑后 7 个工作日内作出答复,并以书面形式通知质疑供应商和其他有关供应商,但答复的内容不得涉及商业秘密。质疑供应商对采购人、采购代理机构的答复不满意或者采购人、采购代理机构未在规定的时间内作出答复的,可以在答复期满后 15 个工作日内向同级政府采购监督管理部门投诉。

政府采购监督管理部门应当在收到投诉后30个工作日内,对投诉事项作出处理决定,并以书面形式通知投诉人和与投诉事项有关的当事人。政府采购监督管理部门在处理投诉事项期间,可以视具体情况书面通知采购人暂停采购活动,但暂停时间最长不得超过30日。投诉人对政府采购监督管理部门的投诉处理决定不服或者政府采购监督管理部门逾期未作处理的,可以依法申请行政复议或者向人民法院提起行政诉讼。

2. 监督检查

政府采购监督管理部门应当加强对政府采购活动及集中采购机构的监督检查。监督检查的主要内容是:(1)有关政府采购的法律、行政法规和规章的执行情况;(2)采购范围、采购方式和采购程序的执行情况;(3)政府采购人员的职业素质和专业技能。政府采购监督管理部门不得设置集中采购机构,不得参与政府采购项目的采购活动。

政府采购监督管理部门应当对集中采购机构的采购价格、节约资金效果、服务质量、信誉状况、有无违法行为等事项进行考核,并定期如实公布考核结果。

依照法律、行政法规的规定对政府采购负有行政监督职责的政府有关部门,应当按照其职责分工,加强对政府采购活动的监督;审计机关应当对政府采购进行审计监督。政府采购监督管理部门、政府采购各当事人有关政府采购活动,应当接受审计机关的审计监督;监察机关应当加强对参与政府采购活动的国家机关、国家公务员和国家行政机关任命的其他人员实施监察。

3. 法律责任

政府采购中的法律责任从主体角度,可分为采购人责任和供应商责任。采购人的责任是政府采购法律责任的核心。

政府采购法第71条规定:采购人、采购代理机构不得有下列行为:(1)应当采用公开招标方式而擅自采用其他方式采购的;(2)擅自提高采购标准的;(3)以不合理的条件对供应商实行差别待遇或者歧视待遇的;(4)在招标采购过程中与投标人进行协商谈判的;(5)中标、成交通知书发出后不与中标、成交供应商签订采购合同的;(6)拒绝有关部门依法实施监督检查的。

采购人有上述情形的,责令限期改正,给予警告,可以并处罚款,对直接负责的主管人员和其他直接责任人员,由其行政主管部门或者有关机关给予处分,并予通报。

从责任形式上看，政府采购法律责任主要是行政责任和刑事责任。采购人、采购代理机构及其工作人员违反法律规定，构成犯罪的，依法追究刑事责任；尚不构成犯罪的，处以罚款，有违法所得的，并处没收违法所得，属于国家机关工作人员的，依法给予行政处分。

（七）政府采购中的不正当竞争

在本案例中，除了法律适用的冲突外，应该更多地关注政府采购的公平问题。公平交易是政府采购的重要原则之一，它不仅关系到供应商的公平竞争问题，还涉及财政资金的合理使用。这一原则要求：首先，政府采购应当遵循公开透明原则，这是对财政支出透明度和财政资金使用效益的重要保障。因此，社会公众如何及时地获取与采购相关的信息，包括采购的标准和结果等方面的信息，就非常重要。其次，政府采购应当遵循公平竞争原则。由于政府是最大购买者，因此政府采购领域也是厂商之间展开竞争的重要领域。如何确保厂商之间的公平竞争，如何在厂商的公平竞争中来取得价廉物美的货物、工程和服务，提高财政资金的使用效益，就显得非常重要。在实践中，有些地方政府在采购中存在较为严重的地区封锁，出于地方利益的考虑，在采购中优先购买本地供应商的货物、工程或服务。为此，我国政府采购法规定，任何单位和个人不得采用任何方式，阻挠和限制供应商自由进入本地区和行业的政府采购市场。此外，政府采购当事人不得以任何手段排斥其他供应商参与竞争。再次，政府采购应当遵循独立公正原则。确保政府采购在程序或实体制度上的公正是非常重要的。在这方面，较为重要的是建立回避制度以及采购代理机构独立于政府的制度。对此，我国政府采购法也有相关规定。最后，政府采购应当遵循诚实信用原则。政府采购既然涉及采购，当然就会牵涉到基本的买方和卖方的利益以及其他相关主体的利益，在这个过程中，应当同在私法领域一样，遵循诚实信用的原则。

DISHIWUZHANG

第十五章

税收征管法

▶案例 1:上海海关查获二手钢琴行业性系列走私逃税案 > > >

【案情简介】

2006 年年初,上海海关价格信息部门从大量的数据分析中发现从上海口岸进口的钢琴价格存在疑问,上海海关缉私部门也通过相关市场调研发现了这一问题。进一步分析结果表明,不法分子以低于真实价格近 50% 的成交价格向海关申报进口,偷逃税款,行业性二手钢琴走私现象渐露端倪。价格信息和缉私部门联手进行了大量排查,从数十万份进出口货物报关单中筛选出高风险记录,对申报价格异常的商品行业或进口企业进行重点价格监控,线索逐渐清晰。3 月初成立打击二手钢琴走私专案组,统一部署行动方案。

3 月 23 日,上海海关缉私局外港分局接到价格信息处移交的线索,立即出警前往涉嫌走私的上海 L 国际贸易有限公司。侦查人员在公司现场搜查到一本专记报关差价的小册子。L 公司经理陈某无奈供述了参与走私的犯罪事实。在陈某的交代中,又牵涉到另一家并无外贸经营权的上海 S 贸易公司,侦查员迅速赶往该公司调查。

侦查员同时获悉已有两个集装箱的进口正在报关中,即刻与上海海关通关中心联系后确认此票货物已通过报关,但还未放行,于是立即前往海关现场将这批涉嫌走私钢琴予以扣留。

侦查查明,S 公司于 2001 年 11 月成立后,串通数家日本供应商制作低价发票,以低报实际成交价格走私进口销售二手钢琴。L 公司则为 S 公司联系日方供货商,协助与日商洽谈货物实际成交价格、数量与型号等,并根据 S 公司确定的申报价格联系日方制作低价发票用于向海关申报。货物由 L 公司申报进口后再转给 S 公司。

3 月 24 日,涉嫌二手钢琴走私的上海 Y 国际贸易有限公司落入法网。该公司通过制作、使用虚假单证低报价格走私进口钢琴。缉私警察在公司总经理方某家中搜到藏匿于床底下的两大箱单证。在确凿证据面前，方某即供认了犯罪事实。但另一名嫌疑人樊某却闻风而逃，缉私警察随即布控。两个星期后樊某被抓获。到案后的樊某把作案事实和盘托出。4 月 6 日，该案另两名嫌疑人到案。

几乎与此同时，上海 D 货物运输代理有限公司经理周某因涉嫌多次为国内贸易公司低报价格走私二手钢琴被缉私警察依法刑事拘留。周某供认了勾结沈某从 2004 年 3 月起联手为深圳、上海、珠海三地的三家乐器有限公司实施二手钢琴走私的犯罪事实。持有台胞证的沈某在境外联系货源和供货商并制作提供虚假发票用于报关，周某负责办理进口手续，三家公司则缴纳低价税款。在周某一本用于业务的笔记中的单证明白无误地佐证了他的供述。4 月 11 日，沈某在南京机场被抓获。

3 月 27 日，涉嫌低报价格走私的宿某、杨某被海关缉私警察抓获归案。宿某声称自己与日本供货商关系良好，所以给予低廉的价格。但一封搜查到的关于交付差额的传真原件毫不留情地证明了双方的预谋。两人在事实面前均供认不讳。曾就读于日本京都钢琴技术专门学校，后又供职于雅马哈贸易（上海）有限公司的杨某身为专业人士却在周某的帮助下，“驾轻就熟”地把自己投入了走私犯罪行列，而他与供货商的货款结算即凭着他对旧钢琴市场价格的知根知底来掌握实际单价。

4 月下旬，海关总署缉私局将二手钢琴走私案列为挂牌督办案件，对此案高度重视，要求全力侦破。全局先后出警 200 余人次，出差调查取证 10 余个省市。

2006 年 9 月 1 日，随着上海 Y 公司二手钢琴走私案向检察机关移送审查起诉，该系列全部 8 起案件全部侦查终结。总计查获走私进口二手钢琴近 5000 台，案值超过 4000 万元，涉嫌偷逃税款 1127 余万元，涉嫌犯罪单位 11 家，犯罪嫌疑人 12 人，全部抓获归案。

【基本问题】

（一）走私行为有哪些法律规制的基本规定？

（二）什么是行业走私？

（三）海关估价有哪些方法？

【讨论与分析】

（一）走私行为的法律规定

走私是指违反《中华人民共和国海关法》《中华人民共和国税收征管法》等有关法律、行政法规，逃避海关监管，偷逃应纳税款、逃避国家有关进出境的禁止性或者限制性管理的行为。走私犯罪是一种严重破坏社会主义市场经济秩序的犯罪行为，它不仅影响国家税收，冲击本国工商业，破坏社会主义市场经济秩序，而且危害国家安全，损害国家主权和尊严，危害极大。

根据我国海关法、税收征管法、刑法等有关法律的规定，我国打击走私行为的基本法律制度包括以下几个方面。

1. 走私稽查机关

海关法第 4 条规定：国家在海关总署设立专门侦查走私犯罪的公安机构，配备专职缉私警察，负责对其管辖的走私犯罪案件的侦查、拘留、执行逮捕、预审。

2. 走私行为认定

海关法第 82 条规定：违反本法及有关法律、行政法规，逃避海关监管，偷逃应纳税款、逃避国家有关进出境的禁止性或者限制性管理，有下列情形之一的，是走私行为：(1)运输、携带、邮寄国家禁止或者限制进出境货物、物品或者依法应当缴纳税款的货物、物品进出境的；(2)未经海关许可并且未缴纳应纳税款、交验有关许可证件，擅自将保税货物、特定减免税货物以及其他海关监管货物、物品、进境的境外运输工具，在境内销售的；(3)有逃避海关监管，构成走私的其他行为的。

3. 法律责任

根据海关法的有关规定：走私行为，尚不构成犯罪的，主要承担的法律责任包括：(1)没收走私货物、物品及违法所得；(2)可并处罚款；(3)没收专门或者多次用于掩护走私的货物、物品及运输工具；(4)藏匿走私货物、物品的特制设备，责令拆毁或者没收。

走私情节严重构成犯罪的，依据我国刑法规定追究刑事责任："走私普通货物，物品偷逃应缴税额在 50 万元以上的，处 10 年以上有期徒刑或无期徒刑，并处偷逃税额 1 倍以上 5 倍以下罚金或者没收财产；情节特别严重的，依法处无期徒刑或者死刑，并处没收财产。偷逃应缴税额在 15 万元以上不满 50 万元的，处 3 年以上 10 年以下有期徒刑，并处偷逃应缴税额 1 倍以上 5 倍以下罚金。

偷逃应缴税额在5万元以上不满15万元的,处3年以下有期徒刑或者拘役,并处偷逃应缴税额1倍以上5倍以下罚金。对于单位走私普通货物、物品的,对单位判处罚金、对直接负责的主管人员和其他直接责任人员处3年以下有期徒刑或者拘役;情节严重的,处3年以上10年以下有期徒刑;情节特别严重的,处10年以上有期徒刑"。

2011年2月25日,刑法修正案(八),对走私罪的处罚作了修订,主要变化是取消了走私普通货物罪和走私武器、弹药、核材料或者伪造货币之外的特殊货物罪的死刑。尽管如此,我国刑法对走私犯罪的制裁仍是相当严厉的。

(二)行业性走私

行业性走私是指行业内的一些企业出于共同目的,形成价格联盟,操纵该类型商品使用或进出口经营,并采取相同的运作模式进行走私。这类走私犯罪的手法以价格瞒骗和利用国家减免税优惠政策为主。根据全国海关缉私部门的查获情况,近年来行业性伪报价格走私活动日渐突出,价格瞒骗走私已逐渐由个别企业变成行业内多家企业联合的群体行为。行业性走私已经成为走私犯罪的一大新动向。面对行业性走私的新情况,如何完善工作机制,创新缉私工作方法,是对海关缉私工作的重大挑战。

(三)海关估价的基本方法

行业从业者,利用了缉私部门对某些领域的商品价格资料掌握不全,难以准确估定价格的现实情况,集体欺瞒价格,从而达到偷逃税款的目的。

我国海关法第9条规定:进出口货物,除另有规定的外,可以由进出口货物收发货人自行办理报关纳税手续,也可以由进出口货物收发货人委托海关准予注册登记的报关企业办理报关纳税手续。因此,我国关税征管是纳税人自我申报制。货物和物品的收发人或其代理人,在通过海关监管的口岸时,都必须按照规定填写"进出口货物报关单"、征免税申请表,并呈交必要的货物单证和一些其他文件,以便海关依据这些单证和文件进行查验,征、免税,并给予放行。关税的申报实际上就蕴含在货物进出境申报中,申报与否以及是否如实申报,是区别是否走私或违规行为的重要依据之一。

在利益驱动下,纳税人可能会存在价格欺瞒行为。因此,海关在接受纳税人的纳税申报后,通常要根据纳税人提交的证明进出口商品实际交易价格的发票、单证等证明材料来审查、确定完税价格,作为计征关税的依据。

我国海关估价相关法规规定:进口货物的完税价格,由海关以该货物的成交价格为基础审查确定，并应当包括货物运抵中华人民共和国境内输入地点起卸前的运输及其相关费用、保险费。进口货物的成交价格，是指卖方向中华人民共和国境内销售该货物时买方为进口该货物向卖方实付、应付的，并且按照本章第三节的规定调整后的价款总额，包括直接支付的价款和间接支付的价款。

纳税人申报的进出口货物成交价格不符合规定或海关有理由怀疑申报价格的真实性和准确性时，海关依次采用其他估价方法进行估价。我国海关估价相关法规规定，海关依次采用下列估价方法进行估价：

1. 相同货物成交价格估价方法，是指海关以与进口货物同时或者大约同时向中华人民共和国境内销售的相同货物的成交价格为基础，审查确定进口货物的完税价格的估价方法。

2. 类似货物成交价格估价方法，是指海关以与进口货物同时或者大约同时向中华人民共和国境内销售的类似货物的成交价格为基础，审查确定进口货物的完税价格的估价方法。

3. 按照相同或者类似货物成交价格估价方法的规定审查确定进口货物的完税价格时，应当使用与该货物具有相同商业水平且进口数量基本一致的相同或者类似货物的成交价格。使用上述价格时，应当以客观量化的数据资料，对该货物与相同或者类似货物之间由于运输距离和运输方式不同而在成本和其他费用方面产生的差异进行调整。

4. 按照相同或者类似货物成交价格估价方法审查确定进口货物的完税价格时，应当首先使用同一生产商生产的相同或者类似货物的成交价格。

没有同一生产商生产的相同或者类似货物的成交价格的，可以使用同一生产国或者地区其他生产商生产的相同或者类似货物的成交价格。

如果有多个相同或者类似货物的成交价格，应当以最低的成交价格为基础审查确定进口货物的完税价格。

5. 倒扣价格估价方法，是指海关以进口货物、相同或者类似进口货物在境内的销售价格为基础，扣除境内发生的有关费用后，审查确定进口货物完税价格的估价方法。

6. 计算价格估价方法，是指海关以下列各项的总和为基础，审查确定进口货物完税价格的估价方法：生产该货物所使用的料件成本和加工费用、向境内销售同等级或者同种类货物通常的利润和一般费用（包括直接费用和间接费用），该货物运抵境内输入地点起卸前的运输及相关费用、保险费。

按照前款的规定审查确定进口货物的完税价格时，海关在征得境外生产商同意并提前通知有关国家或者地区政府后，可以在境外核实该企业提供的有关资料。

7. 其他合理方法，是指当海关不能根据成交价格估价方法、相同货物成交价格估价方法、类似货物成交价格估价方法、倒扣价格估价方法和计算价格估价方法确定完税价格时，海关可以客观量化的数据资料为基础审查确定进口货物完税价格的估价方法。

▶案例2：重庆渝中区地方税务局与重庆天虹志远医药有限公司等税收代位求偿权纠纷一案 > > >

【案情简介】

原告渝中区地方税务局诉称：2002年12月17日，第三人宸宇房地产公司将自己开发的房产重庆市渝中区解放西路227号第三层、第四层、B五层（商场）和负一、负二、负三、负四、负六层（车库）出售给天虹医药公司，售价64415315元，尚欠16523748元。在销售该房产过程中，第三人发生纳税义务并欠缴税款6065714.77元。

据此，原告渝中区地方税务局于2004年11月18日对第三人以中地税处字〔2004〕65号《税务处理决定书》作出行政处理，根据税务处理决定书，第三人应向原告渝中区地方税务局缴纳税款6065714.77元、滞纳金1866444.93元，共计7932159.70元。之后，原告渝中区地方税务局多次催促第三人缴款，第三人以未收完房款，并且公司现在无其他钱财为由，仍不履行缴款义务。而且，第三人也不积极行使诉权向被告追索债权。为此，依据法律规定，原告渝中区地方税务局作为第三人的债权人，依法行使代位权。

【基本问题】

（一）什么是税收代位权？

（二）在税收代位权诉讼中，当事人的诉讼地位如何？

【讨论与分析】

（一）什么是税收代位权

所谓税收代位权是指欠缴税款的纳税人怠于行使其到期债权而对国家税

收即税收债权造成损害时,税务机关为保全国家税收不受损害,可以请求人民法院以自己的名义代替纳税人行使其债权的权力。税收征管法第 50 条规定了税务机关可以行使代位权。法律规定税收代位权的目的是保障税务机关的税款不致流失。

参照合同法规定和最高人民法院的司法解释,税务机关在行使税收代位权时,应当满足以下五个方面条件。

第一,税务机关与纳税人之间存在着合法的税收债权债务关系。

即只有拥有合法税收债权的税务机关,才是行使税收代位权的合格主体。债权不合法,法律自然不予以保护。合法既包括实体上的合法,又包括程序上的合法。税收征管法第 28 条规定:税务机关依照法律、行政法规的规定征收税款,不得违反法律、行政法规的规定开征、停征、多征、少征、提前征收、延缓征收或者摊派税款。因此,税务机关只有在依法征税的前提下,才具有税收债权的合法性,这也就成为税务机关享有税收代位权的前提条件之一。

第二,纳税人必须有欠缴国家税款的事实。

如果税务机关与纳税人之间不存在欠缴税款的事实,就不可能产生税务机关代位行使纳税人的债权的权利。只有欠缴税款才有行使税收代位权的必要。欠缴税款是指纳税人在税法规定的或税务机关核定的缴纳期限届满后,仍然没有履行纳税义务,即已过纳税期限而存在不缴或欠缴国家税款的事实。在这一点上,税收代位权与撤销权在行使条件上,有着明显区别。撤销权的行使必须是债务人放弃对第三人的债权,实施无偿或低价处分财产的行为而损害到债权人的债权,其目的在于保全将来的债务履行。因而,税务机关行使撤销权并不要求纳税人必须有欠缴国家税款的事实。但是代位权的行使则强调纳税人已过纳税期限仍不缴或少缴应纳税款这一必备条件。

第三,纳税人怠于行使其到期债权。

首先,要求纳税人和其债务人之间存在着合法的债权,这是税务机关行使代位权的标的。无此合法的债权,代位权不能发生。其次,纳税人与其债务人之间的债权必须已到期。代位权针对的是债务人消极损害债权人的行为,此种行为只是使债务人应增加的财产未增加,在债权人对债务人债务未到期的情况下,债权人很难确定债务人是否具有足够的责任财产清偿债务。因此,税收代位权的行使必须以债权到期,债务人陷于迟延履行为必要条件。最后,还要求纳税人对到期债权怠于行使。关于怠于行使的含《最高人民法院关于适用〈中华人民共和国合同法〉若干问题的解释(一)》第13条作了如下界定:怠于行使是指债务人能够通过诉讼或仲裁的方式向其债务人主张权利,但一直未向其主张权利。该规定使得对怠于行使的判断标准具有明确性和客观性,既有利于增强税务机关行使代位权的可能性,也有利于促使纳税人积极履行纳税义务。当纳税人不以诉讼方式或仲裁的方式向其债务人主张其享有的到期债权时,并符合其他条件下,税务机关就可以行使税收代位权。

第四,纳税人怠于行使债权的行为已经对国家税收造成了损害。

这一问题的核心在于如何判断是否对国家税收造成损害。在法国民法上,对债权造成损害以债务人陷于无资力为标准。在日本民法、我国台湾地区民法上,则不以债务人陷于无资力为必要。判例及学说认为,在不特定及金钱债权,应以债权人是否陷于无资力为标准;而在特定债权及其他与债务人资力无关的债务中,则以有必要保全债权为条件。税收债权系金钱债权,应以陷于无资力为标准。《最高人民法院关于适用〈中华人民共和国合同法〉若干问题的解释(一)》第13条将损害作出了如下明确的规定:债务人怠于行使其到期债权,对债权人造成损害的,是指债务人不履行其对债权人的到期债权,又不以诉讼方式或者仲裁的方式向其债务人主张其享有的具有金钱给付内容的到期债权,致使债权人的到期债权未能实现。关于这一条件的认定应以在"陷于无资力"标准的基础上采取《最高人民法院关于适用〈中华人民共和国合同法〉若干问题的解释(一)》规定的标准。

第五,税务机关代位行使的债权不是专属于纳税人自身的债权。

根据《最高人民法院关于适用〈中华人民共和国合同法〉若干问题的解释(一)》第12条规定,专属于债权人的权利包括:(1)因人身权利被侵害而发生的损害赔偿请求权;(2)基于身份关系而发生的财产请求权,如基于继承关系,抚养、赡养关系而发生的给付请求权;(3)禁止让与的权利,如养老金请求权;(4)禁止扣押的权利,如维持生存所需要的劳动收入请求权。据此,税务机关对于上述专属于纳税人自身的权利不得代位行使。

(二)在税收代位权诉讼中,当事人的诉讼地位如何

在税收代位权诉讼中,税务机关为原告,次债务人为被告,债务人为第三人。

HOUJI

后　记

为了适应高校法学专业开展实务教学的需要，河北大学政法学院策划了“高等学校法律实务系列教材”的编撰工作，《经济法案例教程》是其中之一。本教程是我们结合长期的经济法学教学实践，依据相关法律、法规和司法解释及现实案例编写而成，不仅可以作为法学专业本科生、研究生开展案例教学的教材，也可以作为司法工作者的案例工具书。本教程若能为我国高校法律专业案例教材建设有所裨益，我们将备感欣慰。

《经济法案例教程》由王昆江、殷文胜担任主编，王宝娜、房建恩担任副主编。具体撰写分工如下（按章节先后为序）：

第1章、第2章、第3章：王昆江（河北大学政法学院）；

第4章：殷文胜（河北省保定市中级人民法院）；

第5章：许静敏（河北省保定市北市区人民法院）；

第6章、第7章：王宝娜（河北金融学院法律系）；

第8章：梁小军（河北省保定市南市区人民法院）；

第9章：杨庆瑞（工商银行保定分行法律事务部）；

第10章：张新社（工商银行保定分行法律事务部）；

第11章、第12章：房建恩（河北农业大学文法学院）；

第13章：赵平（河北省保定市南市区人民法院）；

第14章：赵俊岭（河北佳篷律师事务所）；

第15章：重昭辉（河北省保定市南市区地税局）。

全书由王昆江统稿，本教程的写作与出版得到了中国民主法制出版社、河北大学政法学院领导的关心和支持，在此表示诚挚的谢意。

由于水平有限，加之时间仓促，书中不足之处在所难免，希望读者批评指正。

编　者

2015年3月